Den Zuhörer im Blick

Gottfried Hoffmann

# Den Zuhörer im Blick

## So bauen Sie eine Brücke zum Publikum

1. Auflage

Haufe Gruppe
Freiburg · München · Stuttgart

**Bibliografische Information der Deutschen Nationalbibliothek**

Die Deutsche Nationalbibliothek verzeichnet diese Publikation in der Deutschen Nationalbibliografie; detaillierte bibliografische Daten sind im Internet über http://dnb.dnb.de abrufbar.

**Print:** ISBN 978-3-648-10054-7 Bestell-Nr. 10240-0001
**ePub:** ISBN 978-3-648-10056-1 Bestell-Nr. 10240-0100
**ePDF:** ISBN 978-3-648-10057-8 Bestell-Nr. 10240-0150

Gottfried Hoffmann
**Den Zuhörer im Blick**
1. Auflage 2017


www.haufe.de
info@haufe.de

Produktmanagement/Lektorat: Gabriele Vogt
Satz: kühn & weyh Software GmbH, Satz und Medien, Freiburg
Umschlag: RED GmbH, Krailling
Druck: Schätzl Druck & Medien GmbH & Co. KG, Donauwörth

*Sawubona – Ich sehe dich*
*Ngikhona – Ich bin da*
Zulu

(Bedeutung: Bis du mich gesehen hast, habe ich nicht existiert.)

*Oel ngati kameie – Ich sehe dich*
Gruß der Na'vi
Aus dem Film Avatar – Aufbruch nach Pandora von James Cameron

(Bedeutung: Das Göttliche in mir sieht das Göttliche in dir.
Oder: Ich sehe mich in deinen Augen)

# Inhaltsverzeichnis

# Einleitung

## Der Blick macht's

Der Motivationstrainer spricht vor einem gutgefüllten Saal. Routiniert bringt er die Menschen mit Körperübungen, wie Arme in die Höhe heben, in Schwung. Buchveröffentlichungen und eine beeindruckende Referenzenliste belegen sein überregionales Ansehen. Und doch – der Funke springt nicht über. Der Vortrag löst bei den Anwesenden nicht die nachhaltige und tiefgehende Begeisterung aus, die einen motiviert und in den nächsten Wochen mit Freude zurückdenken lässt. Schade. Der Redner ist bestens präpariert, sein Vortrag wohlgeordnet, seine Gestik und Mimik lebendig und aussagekräftig. Ich beobachte ihn und versuche herauszufinden, was es ist. Und schließlich habe ich es: Seine Augen strahlen nicht, sie sind eher stumpf und unbewegt. Interessiert er sich nicht für uns, für sein Publikum? Ist er zufrieden mit einer pauschalen, eher höflichen Reaktion auf das, was er sagt? Das ist der Eindruck, den er bei uns, seinen Zuhörern, hinterlässt. Er scheint nicht neugierig zu sein auf die Wirkung seiner Worte – in unseren Gesichtern und vor allem in unseren Augen. Das ist bedauerlich, denn er hat viel zu sagen. Seine Ideen, seine Vorschläge und seine Erfahrungen sprechen eine deutliche Sprache. Aber leider – mich und die meisten Menschen im Publikum kann er nicht begeistern.

Woran liegt es? Offensichtlich fehlt dem Redner das lebendige Interesse an den Menschen im Publikum. Dabei geht es nicht darum, einzelne Menschen für drei Sekunden anzuschauen, wie man es in manchen Veröffentlichungen liest. Auch dies wäre lediglich eine Einbahnstraße vom Redner[1] zum Zuhörer, denn es beinhaltet letztlich ein rein formales Agieren, bei dem das Gegenüber nur als Punkt in der Menge zählt.

---

1 Um das Lesen zu vereinfachen, habe ich die männliche Form gewählt. Selbstverständlich sind damit auch Rednerinnen, Zuhörerinnen usw. gemeint. Allein die weibliche Form zu wählen und die männliche wegzulassen, erscheint mir – obwohl gelegentlich praktiziert – sehr unkonventionell, wodurch auch der Lesefluss gestört würde. Ich hoffe, meine Leserinnen haben dafür Verständnis.

Es geht um die Qualität des Blicks. Es geht darum, dass ein Redner im Gesicht und vor allem in den Augen der Zuhörer eine Resonanz seines Vortrags erspürt. Obwohl er die Funktion hat, dem Auditorium oder seinen Gesprächspartnern Informationen zu übermitteln, ist die Richtung des Informationsflusses vom Zuhörer zum Redner für die Wirksamkeit der Rede die wichtigere. Denn die Rede bzw. der Vortrag ist ein vielschichtiger Prozess, ein lebendiges Wechselspiel zwischen Sprechendem und Zuhörendem. Wenn z.B. der Vortragende wahrnimmt, dass sein Gedankengang und das Fortschreiten seiner Gedanken für diese Situation zu schnell sind, wird er die letzten Gedanken mit anderen Worten wiederholen und sich so auf das Tempo des Auditoriums einstellen.

Nur in der gegenseitigen Wechselwirkung von Redner und Publikum, d.h. dem beiderseitigen Aufnehmen und Abgeben von Signalen/Zeichen, wird der Vortrag gelingen in dem Sinne, dass das Auditorium erfüllt bzw. im Falle des Motivationsredners begeistert nach Hause geht und die Inhalte der Rede noch lange innerlich nachschwingen.

**Wann Sie dieses Buch aus der Hand legen sollten – und wann nicht**

Worum geht es bei guter Kommunikation? Stimmt es, dass wir immer etwas erreichen, den anderen zu einer – von uns gewünschten – Handlung bringen wollen, dass wir immer einen »Hintergedanken« haben? Und dass gute Kommunikation heißt, dass dieses Ansinnen Erfolg hat? Das würde doch bedeuten, dass wir nur den anderen im Auge haben, dass nur der andere sein Verhalten und seine Überzeugungen oder gar seine Persönlichkeit verändern soll und nicht wir selbst. Wir selber stehen bei dieser Sichtweise auf einer höheren Ebene – auf dem Pult –, steuern das Geschehen und die anderen Menschen müssen reagieren. Wenn dies Ihre felsenfeste Überzeugung ist und Sie keinen Impuls spüren, diese Einbahnstraßenkommunikation zu hinterfragen und evtl. hinter sich zu lassen, sollten Sie dieses Buch sofort aus der Hand legen.

Wenn nicht, dann kann dieses Buch Ihnen neue Wege zeigen, Kommunikation, insbesondere die in Vortragssituationen, gelingen zu lassen. Denn hier geht es darum, die eigene Rolle in diesem Kommunikationsprozess anzuschauen. In meinen bisherigen Veröffentlichungen »Die Stimme macht's«

und »Ab jetzt ich selbst«[2] standen die Entwicklung des Sprechens und die Selbstentwicklung im Zentrum. Jetzt mit diesem neuen Buch wird das Wechselspiel zwischen Redner und Publikum genauer betrachtet. Hier lernen Sie nicht, wie Sie Ihre Mitmenschen überreden, steuern oder manipulieren, dazu gibt es reichlich Literatur und noch mehr praktische (leidvolle) Alltagserfahrungen. Dieses Buch versucht, den Prozess der Kommunikation unter der Einbeziehung der eigenen Persönlichkeit neu zu betrachten und zu gestalten.

Es geht um den Blickkontakt zum Publikum bzw. Gesprächspartner und die Rückwirkung auf mich selber. Ich lasse das, was ich als Reaktion auf mein Gesagtes aufnehme, bewusst auf mich wirken und erspüre die Emotionen, damit ich aus einem größeren und umfassenderen Blickwinkel heraus verstehe und handle. Wir betrachten die Qualität des Blickkontakts sowohl bei einer Rede als auch in einem persönlichen Gespräch. Häufig wird das, was gemeint ist, in einer individuellen Gesprächssituation besonders deutlich und kann auf die Redesituation übertragen werden. Es geht um die Qualität, die einer der Wissenschaftler im Film »Avatar« von James Cameron in seinen Worten zum Soldat Jack Sully versucht auszudrücken: »Es heißt nicht ›ich sehe dich‹, sondern es heißt so viel wie ›ich sehe in dich hinein‹.« Wenn wir in dieser Qualität und in diesem Zugewendet-Sein mit jemandem sprechen, werden wir andere und vor allem bessere Ergebnisse für uns beide erzielen.

Deshalb werden wir die Voraussetzungen betrachten, unter denen diese Art der Kommunikation möglich ist, und wir werden uns damit beschäftigen, wie dieser Prozess abläuft und vor allem welche positiven Auswirkungen zu beobachten sind. Eine solch feine Gesprächskultur wird auch im Businessbereich immer wichtiger, wie z. B. die internationalen Erfolge der Gewaltfreien Kommunikation von Marshall B. Rosenberg oder der Process Inquiry von Stèphano Sabetti belegen. Beispiele für neue Ansätze hinsichtlich gelingender Kommunikation sind im pädagogischen Bereich die aus der Erziehungsberatung heraus entwickelte Methode Marte Meo der Holländerin Maria Aarts und im therapeutischen Bereich die Idiolektik des amerikani-

2 Die Stimme macht's. Überzeugend, wirkungsvoll, authentisch sprechen (2014); Ab jetzt ich selbst. Wahrnehmen, verstehen, authentisch kommunizieren (2015), beides erschienen im BusinessVillage Verlag Göttingen.

schen Psychotherapeuten Adolphe David Jonas (1913-1985). Eine elementare Rolle spielt vor allem aber eines: die Körpersprache.

**Das Auge ist nicht manipulierbar**

Wir wissen heute gut Bescheid über die Wirkung von Körpersprache und haben in Seminaren viele Erfahrungen sammeln dürfen. Wir glauben, dass wir einerseits unsere Mitmenschen anhand ihrer Körperbewegungen einschätzen, andererseits aber durch gutgelernte Gesten einen Einfluss auf sie nehmen können. Das mag bis zu einem gewissen Grad beides funktionieren. Aber es bleibt ein Restrisiko: unsere Augen.

Unsere Augen lassen sich fast nicht manipulieren. Kennen Sie Menschen, die mit einem Lächeln im Gesicht, aber völlig unbeteiligten, ja sogar kalten Augen versuchen, Sie für sich einzunehmen? Das bemerken wir, bisweilen natürlich unbewusst, denn wir verfügen über eine sehr genaue Wahrnehmung für Diskrepanzen, Abweichungen zwischen gutgelernten Körpergesten, einer ausgefeilten Mimik und dem die Wahrheit entlarvenden Augenausdruck. Manche großformatigen Reklametafeln zeigen uns dieses auf eindrucksvolle Weise: ein lachendes fröhliches Gesicht, aber merkwürdig unbeteiligte Augen.

Für uns heißt dies zweierlei: Bei genauerer Wahrnehmung des Augenausdrucks unseres Gesprächspartners erfahren wir sehr viel über seine Authentizität. Andererseits geben wir über unsere Augen auch sehr viel von uns preis, was in manchen Situationen ein beunruhigender Gedanke sein kann, vor allem bei einer Rede vor großem Publikum. Wie lösen wir dieses Dilemma, offen zu sein für andere, aber von uns nicht zu viel preiszugeben? Hierauf wird jeder Mensch seine eigenen Antworten finden (müssen), Unterstützung bietet dieses Buch.

Mit der Lektüre schärfen Sie den Blick für Ihren *Blick*, denn dieses Buch beleuchtet die führende Rolle des Blickkontakts in der Kommunikation. Nach einer Vorbemerkung zum so wichtigen Wechselspiel zwischen Körperbewegungen und Empfinden sehen wir uns im ersten Teil an, was eine gute Kommunikation jedweder Art behindern kann. Der zweite Teil befasst sich damit, was Sie selbst tun können, um Ihre Fähigkeiten und Fertigkeiten weiterzuentwickeln, die für eine zugewandte Kommunikation förderlich sind. Der dritte Teil schließlich befasst sich mit Theorie und der Anwendung in Vortragssituationen.

Neben der theoretischen Durchdringung geht es vor allem um die Praxis. Deshalb sind regelmäßig Fallbeispiele eingestreut, die das Gesagte anschaulich machen. Sie finden darüber hinaus auch immer wieder Übungen, die es Ihnen ermöglichen, das theoretische Wissen im praktischen Tun zu erfahren und damit in Ihren Erfahrungsschatz zu integrieren. Dies wird Sie unterstützen, noch erfolgreicher zu kommunizieren und wirkungsvoller vor Publikum zu sprechen.

Ich wünsche Ihnen viel Spaß bei der Entwicklung Ihrer Blickqualitäten in der Kommunikation und viel Freude bei Ihren nächsten Auftritten als gestärkte souveräne Persönlichkeit!

## Wir sind glücklich, weil wir lächeln

Vorbemerkung zu einem Wechselspiel, das in diesem Buch eine große Rolle spielen wird:

*If you want a quality, act as if you already had it.*
William James, amerikanischer Psychologe und Philosoph (1842–1910)

### Was wir schon können

Lassen Sie mich zu Beginn noch eine Vorbemerkung zum Wechselspiel zwischen dem eigenen Außen und Innen, zwischen Körperbewegungen und Gefühlen machen. Wir selber können unsere Kommunikation in einem weit tieferen Maß beeinflussen, als uns bisher bewusst war. All die Seminare, die wir besucht, und die Bücher, die wir gelesen haben, haben unsere Fertigkeiten in Artikulation, Stimmklang, Rhetorik, Körpersprache und Kontakt zum Publikum verbessert. Eine wirklich authentische, freie und offene Kommunikation, die die Menschen überzeugt, gelingt nach meiner Erfahrung aber nur, wenn wir in völliger Übereinstimmung mit unserem Inneren handeln. Dabei kann das, was Sie in den folgenden Zeilen lesen werden, sehr helfen. Denn wir können – wissenschaftlich erforscht – aktiv unsere Stimmung durch unser eigenes Verhalten beeinflussen. Wir müssen also nicht schlecht gelaunt durchs Büro laufen, auf die anderen Autofahrer schimpfen, die alles falsch machen und auch nicht mäßig motiviert vor Gruppen oder Klassen (auf)treten. Es ist letztlich unsere eigene Entscheidung.

## Das Als-ob-Prinzip

William James, der als Begründer der amerikanischen Psychologie als Wissenschaft gilt, beobachtete schon gegen Ende des 19. Jahrhunderts, dass unser Verhalten unsere Empfindungen beeinflusst. Er ging sogar so weit, zu behaupten, dass zuerst eine Körperbewegung wie Laufen oder Mimik ausgeführt wird, der dann anschließend eine entsprechende Empfindung folgt: »Man läuft nicht vor einem Bären davon, weil man Angst vor ihm hat, sondern bekommt Angst vor dem Bären, weil man vor ihm davonläuft.«[3] Auf diesen Gedanken fußend entwickelte der russische Schauspieler und Regisseur Konstantin Stanislawski seine umfassende Theatertheorie, deren Kern das Als-ob-Prinzip ist, anders formuliert: »Wenn ich dieses Gefühl wirklich hätte, wie würde ich mich verhalten?«[4] Der Schauspieler bewegt sich auf der Bühne, als hätte er eine bestimmte Empfindung, wodurch diese Empfindung dann entsteht und somit der Schauspieler authentisch und möglichst naturnah seine eigenen Gefühle darstellt.

Die von James entwickelte Theorie wurde weiterverfolgt. Man forschte, wie sich verschiedene Gangarten oder auch verschiedene Qualitäten von Händeschütteln auf das Empfinden auswirken. »Beim Als-ob-Prinzip geht es nicht einfach nur darum, dass Sie Ihr Gesicht zu einem Lächeln zwingen, sondern es gilt für nahezu jeden Aspekt Ihres Alltagsverhaltens, einschließlich dessen, wie Sie gehen und reden.«[5] Es wurden auch weitere Verhaltensweisen wie z. B. das Lachen untersucht und diese Untersuchungen belegten, »warum Lach-Klubs so beliebt sind. Genauso wie Lächeln dazu führt, dass man sich glücklich fühlt, vermittelt das Verhalten, als ob man etwas lustig findet, dieselben psychologischen und körperlichen Vorteile, die mit echtem Lachen verbunden sind«[6].

Wir können also neben dem mentalen Beeinflussen unserer Befindlichkeit auch ganz direkt über selbstbestimmte Verhaltensweisen wie Körperbewegungen oder Lachen eine gute innere Verfassung erzeugen. Mit diesem positiv beeinflussten Inneren haben wir einen guten Kontakt zu uns selbst und können aus diesem heraus über den Blickkontakt, die Sprache und die Körpersprache eine intensive Brücke zu unserem Publikum bauen.

3 Wiseman 2013, S. 33 f.
4 Ebda., S. 37.
5 Ebda., S. 52.
6 Ebda., S. 57.

# Teil 1

Der Kommunikationsprozess läuft unrund

*Der Widerspruch zwischen dem, was gesagt wird, und dem, was gemeint ist, ist sehr groß. Man muss ihn herausfinden.*
Friedrich Ebeling, dt. Konzernmanager,
Vorstandsvorsitzender Brau u. Brunnen AG, (*1934)

Ein klarer offener Augenkontakt ist das, was wir uns wünschen, wenn wir mit Menschen reden, denn dies ist ein wichtiges Element einer authentischen, offenen, zugewandten und letztlich funktionierenden Kommunikation. Ich kann allerdings selbst erst mit klarem offenen Blick schauen, wenn ich für mich selber Klarheit habe – wenn ich weiß, wo ich stehe und was ich will, wenn ich zentriert bin. Also betrachten wir im ersten Schritt, was uns hieran hindert.

Der erste Teil des Buches mit den Kapiteln 1–3 ist eine Bestandsaufnahme. Untersucht wird, was unseren offenen Blick auf unseren Kommunikationspartner und den Kommunikationsprozess stören könnte, welche Erfahrungen uns behindern, die Dinge klar zu sehen, und warum ich mich selbst und vor allem meine Emotionen nicht klar wahrnehmen kann.

# 1 Der Blick ist getrübt

Beobachten Sie auch gerne Rede- und Gesprächssituationen? Insbesondere, wenn es sich um eine angespannte Situation handelt? Reizt es Sie dann auch, herauszufinden, was schiefläuft, woran es liegt, dass die Rede nicht zündet oder die Gesprächspartner sich nicht verstehen? Betrachten wir in diesem Kapitel einige typische Situationen, in denen der Redende keine klare Vorstellung von der Situation hat bzw. von dem, was dahinterstehen könnte, d.h., wodurch sein Blick getrübt ist.

## 1.1 Sachthemen sind häufig keine Sachthemen

Gerade wir Männer nehmen für uns gerne in Anspruch, rational und zielgerichtet zu denken und zu kommunizieren und selbstverständlich einen klaren Blick auf die Dinge zu haben. Aber tun wir das wirklich? Ein klassisches Beispiel: Der neue Chef einer Institution hält sich für einen ausgesprochenen PR-Fachmann, da er an seiner vorherigen Position über viele Jahre eine kleine Zeitung herausgegeben hat. In den Besprechungen wird deshalb zuerst seine Meinung zu den PR-Belangen eingeholt und erst später werden die übergeordneten sachlichen und fachlichen Fragen besprochen. Rational strukturiertes Denken?

Schauen wir uns einmal unsere alltägliche Kommunikation an: Wie häufig wird unsere klare und sachliche Argumentation durch die Umstände beeinflusst und wir wählen die Art der Ansprache und die Argumentationswege mit Rücksicht auf die Emotionen unseres Gegenübers. Wir glauben, um seine Lieblingsgefühle zu wissen, seine Abneigungen zu kennen. Und versuchen uns optimal darauf einzustellen, um unser Ziel zu erreichen. Wir sind überzeugt davon, unser Ziel schlechter zu erreichen, wenn wir eine fachlich fundierte sachliche Argumentationsweise wählen, und infiltrieren die Sachthemen mit Emotionen.

So glaubt man oft, seine persönlichen Bedürfnisse nicht kommunizieren zu dürfen, und man sagt: »Finden Sie nicht auch, dass es hier ziemlich kalt ist?«, anstatt eine Person aus dem Publikum zu bitten: »Könnten Sie bitte das Fenster schließen, mir ist etwas kalt.« Und zum Publikum gewandt zu äußern: »Sollte es Ihnen nicht so gehen, geben Sie bitte Bescheid.«

Sehr klar wird dieses verschleiernde Sprechen auch bei folgendem Beispiel aus dem Arbeitsalltag. Statt zu sagen: »Herr Müller, könnten Sie noch bitte den Vorgang XY für mich erledigen, ich habe es nicht mehr geschafft und möchte jetzt sehr gern gehen, um das Theaterstück in der Schule meiner Tochter mitzuerleben«, sagt man vermeintlich objektiv auf die Arbeitssituation bezogen: »Ich habe heute alle Vorgänge abgeschlossen, bis auf den einen. Ich habe schon zwei Überstunden gemacht. Und ich möchte jetzt gehen.« Bei welcher der beiden Aussagen haben Sie den Eindruck, wird die Sachebene besser getroffen? Und bei welcher Aussage würden Sie lieber den Vorgang für den Kollegen übernehmen, bei der ersten oder bei der zweiten? Die erste Aussage fördert das Miteinander. Ich äußere meine Empfindungen und Bedürfnisse und der Gesprächspartner wird in der Regel darauf positiv reagieren. Im zweiten Fall empfindet der Gesprächspartner Zwang, Nachdruck und schließlich auch Macht. Diese Aussage fördert in keiner Weise ein gedeihliches auf die Zukunft gerichtetes Miteinander.

Oder denken Sie an das Tratschen, für viele Menschen eine Lieblingsbeschäftigung. Man redet über Menschen, statt mit ihnen. Wir machen uns dabei das Urteil eines anderen über unseren Gesprächspartner zu eigen. Wir sehen gar nicht mehr mit unseren eigenen Augen, sondern mit den Augen der anderen Person. Und schon sind wir wieder von der sachlichen Gesprächsebene entfernt, indem wir einerseits Bestätigungen für das Urteil des anderen suchen und andererseits unsere Argumentation auf dieses Urteil abgestimmt haben.

Wenn Sie jetzt z. B. über Peggy Rietmüller gehört haben, dass sie sich völlig übertrieben schminkt (was will sie denn damit erreichen?), sich exaltiert kleidet und mit ihrem Benehmen häufig aneckt, werden Sie bei Ihrer ersten Begegnung zuerst einmal forschen, ob diese Beobachtungen, die der Tratsch Ihnen zugespielt hat, tatsächlich zutreffen. Peggy Rietmüller hat relativ geringe Chancen, dass Sie eine sachliche, emotionsfreie Diskussion mit ihr führen werden. Sie sind mit Ihrer Aufmerksamkeit ganz woanders, können Ihr Gegenüber nicht mit wirklich offenen Augen sehen. Und schon gar nicht ihrer sachlichen Argumentation folgen.

**Informationen über Gesprächspartner können verschleiern**

Kürzlich stand ein wichtiges Telefonat mit einer mir bis dahin unbekannten Person an. Ich recherchierte und fand über die Person einige Dinge heraus, die mich beeinflussten. Aufgrund der Angaben in der Vita war deutlich, dass die Person politisch zu einer von mir nicht favorisierten Couleur tendierte. Zeitungsartikel verwiesen auf eine bestimmte, mir nicht angenehme Art des Auftretens und der Argumentation. Weiterhin zeigte der Lebenslauf, dass die Person bisher in Institutionen und Firmen gearbeitet hatte, die eher für ausgeprägte Hierarchien mit ihren klaren (Befehls-)Strukturen stehen, anstatt für die mir sehr wichtige Kreativität und Durchlässigkeit. Und schließlich zeigten mir die veröffentlichten Bilder eine Person, die ich aufgrund ihres Habitus nicht zu meinem Freundeskreis zählen möchte. Was bewirkt dieses alles für eine anstehende Kommunikation?

Vermutlich wird man relativ unfrei mit der Person sprechen und mehr damit beschäftigt sein, seine Vorurteile bestätigt zu finden, als mit Offenheit dem Gespräch zu folgen. Dabei kann man möglicherweise völlig übersehen, dass am anderen Ende der Leitung eine offene, zugewandte Person sitzt, die höchst interessiert ist, von mir etwas Neues zu erfahren, um sich selbst und ihren Wirkungskreis zu erweitern.

Auf der sachlichen Ebene habe ich mir durch diese Vorabinformation also ein freies Reagieren verbaut. Wobei – das werde ich nachfolgend noch näher ausführen – es nicht um die Informationen an sich geht (denn in unserer vielschichtigen schnellen Welt benötigt man viele Informationen), sondern um meine Verarbeitung. Ich habe mir das zu eigen oder anders formuliert zur Wahrheit gemacht, was meine Internetrecherche ergeben hat. Oder noch genauer formuliert: Ich habe mir die Emotionen zur Wahrheit gemacht, die in mir durch die Informationen ausgelöst wurden. Diese Emotionen hatten dann in meinem Fall die Wirkung, das Telefonat völlig zu überschatten. Die Informationen haben mir also nicht nur nicht genützt, sondern mich sogar behindert.

**Übung: Sachlich denken** !

Sie dürfen in Zukunft Ihr Denken beobachten. Da das Denken einer jeden Handlung vorausgeht, kann es sehr sinnvoll sein, alle Informationen, die Sie sich über eine Person beschaffen oder die Sie zufällig erhalten, auf den Prüfstand zu stellen. Ebenso können die Gedanken, die man sich vor einer Handlung macht, auch auf den Prüfstand kommen. Die entscheidende Frage lautet: Tragen diese Informationen und wie ich sie verwende zu einer Versachlichung des Denkens und Handelns bei?

## 1.2 Mein System der Wahrnehmung ist getrübt

Um wirkungsvoll zu Menschen zu sprechen oder erfolgreiche Gespräche zu führen, brauchen wir eine gute Fremd- und Eigenwahrnehmung. In der Hektik des täglichen Geschäfts kann aber gerade diese Wahrnehmungsgenauigkeit durch ungewöhnliche Belastungen oder eine zu schnelle Abfolge von Ereignissen, die ein ruhiges Abschließen nicht mehr ermöglichen, gestört sein.

### 1.2.1 Stress, Belastung, Zeitdruck

»Du hörst mir ja gar nicht richtig zu!« – Wer von uns hätte diesen Satz nicht schon einmal gehört, von Freunden, Familienangehörigen oder eben Kollegen bzw. im Beruf. Und – Hand aufs Herz – da war vermutlich auch etwas dran. Wir waren so gefangen in einer anderen Sache, einem Vorgang, einem Gedankengang, einer Emotion, dass wir die andere Person so gar nicht richtig wahrgenommen haben. Vermutlich war es sogar so, dass wir uns selbst nicht richtig wahrgenommen haben, d. h., keinen guten Kontakt zu uns selbst hatten.

Was kann dahinterstehen? Was nimmt uns so gefangen, dass wir den anderen Menschen gar nicht richtig erleben können? Hier gibt es eine Reihe von möglichen Ursachen. Sicherlich ist es so, dass wir uns gelegentlich von etwas stressen lassen. Das kann ein subjektiv empfundener Zeitdruck sein oder die Vorstellung, etwas bis zu einem bestimmten Zeitpunkt abgeschlossen haben zu müssen. Beobachten Sie einmal, wodurch die Menschen sich am häufigsten aus der Ruhe bringen lassen. »Ich muss noch eben schnell ...« ist ein sehr häufig ausgesprochener und gehörter Satz, der das Gegenüber abblockt und nicht zu Wort kommen lässt. Man sieht dies häufig am Blick: Er bleibt meistens gesenkt und hängt an den zu erledigenden Dingen, anstatt sich der Person zu öffnen, die ein Gespräch sucht.

!

**Praxisbeispiel: Nicht bei den Lernenden, nicht beim Gesprächspartner**

Kürzlich ist mir eine Unachtsamkeit wie soeben geschildert selbst passiert. Mit einer Klasse der Erwachsenenbildung beschäftigte ich mich konzentriert mit Fragen der Selbstwirksamkeit und Achtsamkeit, als ein Büromitarbeiter hereinkam und eine Unterschrift brauchte. Ich entdeckte einen Fehler und fing an, mit dieser Person darüber zu diskutieren. Eine schnelle Lösung gab es in dem Moment nicht, denn die Korrektur benötigte ein kurzes Gespräch. Zudem war ich über diesen offensichtlichen Fehler erbost und ließ mich von der Emotion hinreißen. Ich wies mit dem Zeigefinger auf die fehlerhafte Stelle, war mit meiner Aufmerksamkeit weder bei dem Mitarbeiter noch bei der Klasse. Schließlich vertagte ich das Gespräch auf die nächste Pause. Nachdem der Mitarbeiter gegangen war, sagte eine humorvolle Teilnehmerin lachend: »Das war aber nichts!« Nach einem kurzen Augenblick konnte ich herzhaft mitlachen.

Im Nachherein war mir die Situation sehr klar. Ich hätte die Unterschrift sofort auf die Pause verschieben sollen, damit hätte ich sowohl den Büromitarbeiter als auch die Lernenden ernst genommen. Die unausgesprochenen Botschaften wären gewesen: »Ich widme mich Ihnen mit ganzer Aufmerksamkeit in der Pause«, und »Der Unterricht ist mir sehr wichtig und darf nicht durch Unterbrechungen gestört werden.«

So ist es auch mit störenden Fragen während eines Vortrags: Geben Sie jedem die nötige Aufmerksamkeit, die er verdient, aber bestimmen Sie das Wie und Wann.

**Übung: Befreiung vom Zeitdruck** !

Harte Disziplin fordert es, sich von diesem vermeintlichen Zeitdruck zu befreien. Üben Sie es. Schauen Sie Ihren Gesprächspartner an und sagen Sie: »Ich mache diese Sache noch fertig. Dann bin ich für dich da.« Das klingt doch völlig anders als: »Ich muss noch eben schnell …« Sie haben natürlich auch die Möglichkeit, Ihre Tätigkeit zu unterbrechen und sich erst einmal der Person zu widmen, wenn Ihnen diese Person am Herzen liegt. Was Sie tun, liegt bei Ihnen und ist zum Teil natürlich auch in der Situation begründet.

Was Sie beobachten werden, ist Folgendes: Sie bestimmen selber, ob Sie weitermachen oder Ihre Tätigkeit unterbrechen, und damit wird es Ihnen sehr viel bessergehen. Sie sind Herr der Lage und nicht mehr Sklave der Umstände.

Ähnliches können Sie auch vor Ihrer nächsten Rede oder Präsentation probieren. Gerade wenn wenig Zeit ist, braucht es eine gute Konzentration. Nehmen Sie vor Ihrem ersten Wort wahr, mit wem Sie die nächsten 15, 30 oder 60 Minuten verbringen werden. Das kostet wenige Sekunden, verändert aber erheblich die Konzentration Ihrer Zuhörer und Gesprächspartner – und nicht zuletzt auch Ihre eigene Fokussierung.

Natürlich gibt es auch Belastungen, Sorgen und Nöte, die einen bisweilen sehr um sich selbst kreisen lassen und den Kontakt zu anderen Menschen schwächen. Das kennen wir alle und das ist bis zu einem gewissen Grade auch verständlich. Wenn es sich aber häuft und wenn wir den berühmten Satz »Du hörst gar nicht mehr zu« häufiger hören, könnte es sein, dass wir uns mit unserer inneren Einstellung und Ordnung beschäftigen dürfen und sollten. Denn gute Kommunikation beginnt bei uns selber, beginnt bei der Fähigkeit, unserem Gesprächspartner ruhig in die Augen sehen zu können. Wenn diese Fähigkeit geschwächt oder abhandengekommen ist, ist es möglicherweise ein Zeichen, dass wir uns innerlich klären sollten. Um wieder in Ruhe und ohne Stress mit den Menschen reden zu können.

### 1.2.2 Vorherige Erlebnisse

Wir kommen gut gelaunt und beschwingt in den Raum und wollen von unserem schönen Erlebnis erzählen. Dabei bekommen wir überhaupt nicht mit, dass die anwesenden Personen ganz woanders sind, dass sie etwas bewegt und unsere Geschichte für sie im Moment nicht interessant und vor allem gar nicht passend ist. Oder das Gegenteil: Tief erschüttert betreten wir den Raum und können auf das, was dort im Moment besprochen wird, überhaupt nicht vernünftig reagieren, zu ergriffen sind wir von den vorherigen Erlebnissen. Beides dürfte den meisten von uns bekannt sein. Es sind typische Situationen, in denen man nicht angemessen auf seine Mitmenschen reagieren kann. Was wäre nun zu tun?

Meistens genügt es, wenige Minuten im Auto oder in einem Raum, in dem man sich auf sich konzentrieren kann, sitzenzubleiben und die Dinge Revue passieren lassen, bevor man sich darauf einstellt, was in der nächsten Zeit geschehen soll und wird. Beim Verweilen im Auto bzw. auf dem Weg zum nächsten Ereignis können wir so das Alte abschließen und uns auf das Neue einstellen. Dazu dürfen wir uns die Zeit nehmen und auf das vorherige Erlebnis zurückschauen. Die wenige investierte Zeit wird einen viel wacheren und direkten Kontakt mit den Menschen ermöglichen. Wir treten mit offenen und für die neue Situation bereiten Augen in den Raum, nehmen auf, was dort vor sich geht, und können dadurch viel besser angemessen und angepasst reagieren.

! **Übung: Abschließen und neu einstellen**

Bei der nächsten Gelegenheit: Wenn Sie etwas sehr stark emotional beeinflusst hat, sei es Wut oder eine riesengroße Freude, gönnen Sie sich einige Momente der Ruhe und beobachten Sie sich selbst dabei, wie sich die Wogen glätten. Was

können Sie tun? Schauen Sie mit Verständnis auf Ihren Ärger, auf Ihre Albernheit, nehmen Sie sie als Emotionen wahr, die nötig waren, aber sich nun wieder entfernen dürfen. Viele Menschen können mit dem Bild des darüber schwebenden Adlers etwas anfangen, der mit scharfem Auge, aber einer gewissen Distanz die Dinge betrachtet und registriert.
Relativ schnell werden Sie den Kopf und den Bauch frei haben, um sich auf das nächste Ereignis, die nächste Situation einzustellen.

## 1.3 Die Ziele stimmen nicht überein

Thema verfehlt. Das ist das Letzte, was man als Redner hören möchte. Zum Glück passiert dies relativ selten. Denn ein guter Redner hat in der Vorbereitung seines Vortrags neben dem fachlichen Inhalt auch das Publikum im Blick. Er versucht herauszufinden, welche unterschiedliche Motivationen und Bedürfnisse die Menschen haben, und holt sie im Idealfall dort ab. Manchmal klappt dies aber nicht und die Ideen, die der Redner hat, und die Ideen, die das Publikum hat, sind nicht deckungsgleich und driften auseinander.

Woher wissen wir, dass wir, wenn wir gemeinsam an etwas arbeiten, tatsächlich dieselben Ziele haben? Könnte es nicht sein, dass Sie als Projektverantwortlicher bei einem Workshop eine ausgefeilte Präsentation zu einem Projekt halten, aber gleich zu Beginn Desinteresse in den Blicken der Beteiligten feststellen? Eventuell ist der eine Mitarbeiter lediglich an einem schnellen Arbeitsergebnis interessiert, weil sich auf seinem Schreibtisch noch unzählige weitere Projekte türmen, ein zweiter sieht als Finanzverantwortlicher in der finanziellen Optimierung des Prozesses seine größte Herausforderung und ein Dritter hat nur seine persönliche Entwicklung im Blick, statt der Potenzialentfaltung aller Beteiligten? Wenn diese Dinge unausgesprochen bleiben und nicht vorab geklärt werden, wird es, das kann man sich leicht vorstellen, immer wieder zu Missverständnissen oder Auseinandersetzungen kommen. Um hier auf Augenhöhe miteinander zu arbeiten, wäre es sicher für Sie als Redner sinnvoll, sich vorab die Zeit zu nehmen, die verschiedenen Erwartungen anzuschauen bzw. abzufragen. Wenn dann die unterschiedlichen Ziele auf dem Tisch liegen, wird dies Ihnen eine passgenaue Präsentation ermöglichen, die die Ziele aller Beteiligten und damit auch die Personen selbst involviert. Der Ergebnisorientierte kann möglicherweise überzeugt werden, dass eine Optimierung des Prozesses langfristig eine Basis für ein schnelleres Ergebnis bringt, während der Prozessorientierte seine finanziellen Bedenken beachtet sieht. Und der Potenzialentfalteter wird seinen persönlichen Entwicklungsprozess und -erfolg in den Gesamtzielen wiederfinden können. Dank Ihrer Achtsamkeit, alle Beteiligten ins Boot zu holen, können auch Sie Ihr Ziel eines erfolgreichen Projekts erreichen.

### 1.3.1 Eigene Beweggründe

Kennen Sie überhaupt hundertprozentig Ihre eigenen Beweggründe? Wissen Sie in jeder Situation genau, was Sie antreibt, ob Sie an einem guten Arbeitsergebnis interessiert sind, ob Sie besser sein wollen als Ihr Kollege, ob Sie den Chef beeindrucken oder ob Sie einfach eine steile Karriere hinlegen wollen? Oder eine Mischung von alldem? Je weniger Sie sich selber im Klaren darüber sind, was Sie antreibt, umso diffuser ist Ihre Wirkung. Sie werden vielleicht eine gewisse Betriebsamkeit, einen vordergründigen Enthusiasmus an den Tag legen können, aber wirklich begeistern werden Sie die Menschen nicht können. Zu leicht lassen Sie sich ablenken, zu leicht verführen, wenn jemand mit seinen Einwürfen Ihre Ihnen unbewusste Motivation anregt. Sie mögen sich ein äußeres Ziel gesetzt haben, aber es wird in Ihnen möglicherweise nicht genügend Begeisterung hervorrufen, um andere mitzureißen. Sie werden ohne einen klaren Fokus sprechen, werden den Menschen keine überzeugenden Visionen vermitteln können.

!

**Übung: Motive für das Handeln**

Es kann sehr spannend sein, für sich selber Klarheit zu bekommen. Fragen Sie sich, bevor Sie in eine während des Vortrags entstehende Diskussion eingreifen, warum Sie es tun[7]:

Warum entscheide ich mich, jetzt in dieses Gespräch einzugreifen?

- Ist es, weil ich die Führung übernehmen möchte?
- Ist es, weil ich zeigen will, dass ich kompetent bin?
- Oder ist es wirklich, um die zuhörenden Person(en) in ihrem Denkprozess zu unterstützen?

7 Vgl. Kline 2016, S. 103.

### 1.3.2 Beweggründe meines Gesprächspartners

Ebenso stellt sich die Frage, ob Sie die Beweggründe Ihres Gesprächspartners kennen, ob Sie genau wissen, warum er dieses oder jenes tut, was ihn antreibt, wo er hinwill. Das werden Sie wahrscheinlich nie hundertprozentig wissen, aber Sie können, wenn Sie Ihre eigene Position geklärt haben, mit wachen Augen die Situationen erleben und werden dann sehr viel genauer wissen, in welchen Fragen Sie auf Ihre Kollegen zählen können oder wo Sie deren eigene Interessensphären berühren. Voraussetzung dürfte auch hier sein, dass Sie Ihren Selbstklärungsprozess in Gang gesetzt haben und mit größerer Aufmerksamkeit die Menschen um sich herum achtsamer wahrnehmen können.

**Praxisbeispiel: Unbewusstes Streben nach Anerkennung** !

Nehmen wir Gerhard, ein bestens ausgebildeter junger Feinmessgeräteentwickler. Er ist begeistert bei der Sache, bringt hervorragende Entwicklungen zustande und steckt die Kolleginnen und Kollegen mit seinem Enthusiasmus an. Jedermann würde ihm eine hohe fachliche Hingabe attestieren. Neben der fachlichen Begeisterung hat er aber noch weitere Beweggründe für seine Handlungsweise, das zeigt sich allmählich im Lauf der Zeit. Er achtet sehr genau darauf, dass seine Arbeit gewürdigt wird, dass genau benannt wird, welcher Anteil einer neuen Entwicklung von ihm stammt. Er geht zum Chef nicht wegen einer Gehaltserhöhung, sondern um dafür zu sorgen, dass im Jahresbericht sein Name möglichst oft erwähnt wird. Auf Pressefotos findet man ihn fast immer in vorderster Reihe und gut sichtbar. Er möchte gesehen und gewürdigt werden, das ist ihm wichtig. Die Arbeitsergebnisse sind in diesem Zusammenhang nicht Selbstzweck, sondern Mittel zum Zweck. Dass die Kommunikation mit Gerhard schwierig werden kann, wenn es um Fragen von Anerkennung und Würdigung geht, ist vor diesem Hintergrund verständlich. Und er selbst bemerkt vermutlich gar nicht, dass er häufig situationsunangepasst und verschnupft bis verärgert reagiert, wenn er sich nicht genügend gewürdigt fühlt. Wie könnten Sie jetzt mit Gerhard umgehen? Wenn Sie ihn mit offenem Blick anschauen können und erkennen, was ihn über sein fachliches Engagement hinaus antreibt, werden Sie kritische Situationen entschärfen oder sogar ganz vermeiden können. Ohne ihm »Honig ums Maul zu schmieren«, werden Sie seinem unbewussten Wunsch nach Anerkennung entgegenkommen können. Sie werden seine Verdienste objektiv würdigen und diese idealerweise im Vortrag lobend erwähnen. Wenn er dann seine überempfindlichen Antennen wieder eingefahren hat, werden Sie auf der sachlichen Ebene mit ihm begeistert zusammenarbeiten und Großes vollbringen.

## 1.4 ... um Antworten zu finden – statt zu verstehen

»Konversationen laufen ... oftmals ab wie Kriegsschlachten. Wir suchen nach einer Strategie, um uns durchzusetzen, und jeder Satz, den wir hören, dient dazu, uns dem Sieg näher zu bringen. Solches Verhalten zeigt ... den Versuch, zu manipulieren, und ermöglicht keinen wirklichen Austausch.«[8] Diese Sätze von Peter Bearwalks Alvares, Apache und Lehrer indianischer Philosophie, klingen vielleicht etwas übertrieben, aber sie öffnen auch die Augen. Wenn wir Menschen beim Gespräch und in Diskussionen zusehen (oder auch uns selbst), können wir häufig erleben, dass man nur auf ein Stichwort eines anderen Redners wartet, um erneut seine eigene Geschichte zum Besten zu geben. Oder man wartet auf ein passendes Wort oder Argument, um wieder seine eigene Sichtweise einzubringen. Es geht bei dieser Art der Kommunikation, die relativ häufig ist, nicht um den Austausch oder das Verständnis für den Gesprächspartner, sondern um die eigene Profilierung.

Auch bei Vorträgen ist es wichtig, dass Sie Ihre Zuhörer mitsamt ihren mitunter unpassenden Fragen und Einwürfen ernst nehmen und auf deren Punkte eingehen. Selbst wenn Sie vermuten, dass jemand eine Frage vorrangig zur eigenen Profilierung verwenden könnte, können Sie Ihre Botschaft für einen Moment hintenanstellen und Ihren Blick für Unerwartetes öffnen – vielleicht lernen Sie etwas dazu!

! **Übung: Konversationen beobachten**

Beobachten Sie Menschen, die miteinander reden. Üben Sie sich darin zu unterscheiden, ob die Menschen daran interessiert sind, ihren Gesprächspartner zu verstehen, oder ob sie in dem, was er sagt, ihre eigene Antwort suchen. Betrachten Sie gerne neben den Vorträgen anderer Redner auch unverbindliche private Gespräche, beruflichen Smalltalk oder sogenannte sachliche berufliche Besprechungen. Machen Sie in Gedanken eine Liste, links einen Strich für Verständnis, rechts einen für Suchen von Antworten. Welche Seite gewinnt?

8 Bearwalk Alvarez 1998, S. 50.

# 2 Erfahrungen und Ängste überlagern den Kommunikationsprozess

*Der gesunde Menschenverstand ist eigentlich nur eine Anhäufung von Vorurteilen, die man bis zum 18. Lebensjahr erworben hat.*
Albert Einstein, Physiker (1879–1955)

Die realistische Einschätzung einer Vortrags- oder Kommunikationssituation ist häufig dadurch erschwert, dass Altes hineinspielt. Erfahrungen aus der Kindheit und Schulzeit sind bisweilen so stark, dass sie uns beeinträchtigen und, insbesondere unter Stress, nicht mehr situationsangepasst agieren lassen. Gelegentlich werden sogar Ängste aktiviert. Häufig hängen Lampenfieber und Redeangst mit negativ prägenden Erlebnissen in jungen Jahren zusammen.

## 2.1 Frühere Erfahrungen

### 2.1.1 Personen aus dem früheren Leben

Elefanten haben – so sagt man – ein sehr genaues Erinnerungsvermögen. Sie sollen sich über Jahrzehnte hinweg an Personen erinnern können. Wir Menschen verfügen auch über diese Fähigkeit, wahrscheinlich nicht ganz so ausgeprägt. Was wir aber alle schon erlebt haben, ist die Prägung durch eine bestimmte Persönlichkeit, d.h., ihre typischen Eigenschaften wie Blick, Stimmklang, Äußeres und Verhalten haben wir uns tief innerlich gemerkt, vielfach unbewusst. Und sie beeinflussen das jetzige Leben in der Weise, dass jemand, der Ähnlichkeit mit der damaligen Person hat, sofort mit ihr verglichen und mit denselben positiven oder negativen Eigenschaften assoziiert wird. Die positiven Erinnerungen an einen großzügigen, jovialen, rundlichen Onkel werden die Begegnung mit einer ähnlichen Person in der heutigen Zeit positiv beeinflussen, ja sogar zur mangelnden Vorsicht verleiten, sollten von der Person unlautere Absichten ausgehen. Ebenso können selbst einzelne Eigenschaften wie Stimmklang, das Äußere oder das Verhalten einer Person eine Brücke in die Vergangenheit schlagen und uns gemäß der unbewussten Erinnerung reagieren lassen, bevor wir die Person näher kennengelernt haben. Diese Einflüsse sind sehr viel stärker, als wir glauben.

### 2.1.2 Situationen aus dem früheren Leben

Ähnlich verhält es sich mit Situationen. Wenn wir als junger Mensch Prüfungen als angsteinflößend und lähmend erlebt haben, wird dieses Muster auftreten, sobald eine Situation Ähnlichkeit mit dem damaligen Erleben hat. Das kann dazu führen, dass man völlig unangemessen reagiert, was in der aktuellen Situation als ungewöhnlich, übertrieben oder hysterisch wahrgenommen wird. Man sollte sich in solchen Situationen fragen, ob das Erleben vorrangig mit dieser Situation oder mit vergangenen Erfahrungen zu tun hat. Nähere Erläuterungen dazu finden Sie auch in Kapitel 5.1.3.

!

**Praxisbeispiel: Auftrittsangst**

Marianne hat eine tragende, volltönende Stimme, in den rhetorischen Übungen ist sie souverän, spontane Stegreifreden gelingen hervorragend – sofern sie diese von ihrem Platz aus vortragen darf. Sobald sie aber vor die Gruppe treten soll, zittert sie und bekommt Schweißausbrüche, ihre Stimme versagt und das Denken setzt aus. Um ihre Situation in den Griff zu bekommen, setzt sie sich mit ihrer Auftrittsangst auseinander und findet die Lösung in der Vergangenheit.

Als Schülerin vor Jahrzehnten musste sie alleine vor der Klasse stehen und ein Volkslied singen. Selbst in der Rückschau ist ihre Empörung noch groß, spürt sie noch sehr schmerzhaft die Verletzung durch die entwürdigende bloßstellende Situation. Durch die Erinnerung lernt sie, die damalige Zeit von der heutigen Zeit zu trennen, und es gelingt ihr nun, mit Freude und in großer innerer Freiheit vorne zu sprechen.

## 2.2 Blockierende Ängste

### 2.2.1 Angst, zu viel preiszugeben

*Es ist etwas in den Augen eines Menschen, was der geübteste Schurke nicht in seiner Gewalt hat. Dieses Etwas verrät ihn.*
Carl Ludwig Börne, deutscher Journalist, Literatur- und Theaterkritiker (1786–1837)

In Kommunikationsseminaren und gelegentlich auch in der Literatur wird als Tipp gegen Nervosität in einer Vortragssituation verbreitet, seinem Gesprächspartner statt in die Augen auf die Nasenwurzel oder auf die Nasenspitze zu schauen. So sei es leichter möglich, bei sich selbst zu bleiben bzw. seine Angst zu verbergen. Es ist erstaunlich, dass solche Tipps immer noch kursieren, obwohl man doch weiß, dass ein vernünftiger und auf gegenseitigen Austausch ausgerichteter Kontakt nur bei einer Offenheit dem anderen Menschen gegenüber möglich ist. Verzweifelt klammert man sich stattdessen an das Bild, mit dem man seine eigene Person in der Öffentlichkeit präsentieren will, und versucht, diese Fassade aufrechtzuerhalten. Hinter diese Fassade darf natürlich niemand sehen, vor allem nicht, wenn der angestrebte äußere Schein nicht mit dem inneren Erleben übereinstimmt. Wir arbeiten also mit viel Energie an unserer äußeren Erscheinung, üben die Mimik (freundliches Lächeln, Pokerface), die Gestik, die Körpersprache, um eine bestimmte äußere Wirkung zu erzielen.

Aufschlussreich sind in diesem Zusammenhang die Forschungen des britischen Zoologen und Gestenforschers Desmond Morris, der unserer Vorstellung, anderen Menschen erfolgreich etwas vorspielen zu können, einen kräftigen Dämpfer verpasst. »Der Mensch könne«, so wird Morris zitiert, »nur mit Worten lügen, kaum jemals aber mit dem ganzen Körper; irgendein Körperreflex werde ihn ... verraten.«[9]

Gerade bei den Augen scheint dieser Effekt besonders deutlich zu sein. Unsicherheit, Angst, Furcht vor den Reaktionen des Gegenübers, all dies ver-

9 Der Spiegel 8/1978.

ändert den Ausdruck der Augen. Zu diesem Ergebnis kommt der Marburger Neurologe Lars Bonowski in seinen pupillographischen Studien. Er hat festgestellt, dass »Augen im wahrsten Sinne des Wortes nicht lügen können«, da man die »seelische Beteiligung an der Lüge ... nämlich willentlich nicht unterdrücken« kann[10].

Wenn wir mit offenem und freiem Blick den Ausdruck der Augen unseres Gegenübers auf uns wirken lassen, erfahren wir sehr viel über ihn – und er über uns. Da dies so ist und wir uns also sowieso nicht hinter einem Pokerface verstecken können, können wir uns doch gleich furchtlos und offen präsentieren. Arbeiten wir also an unserer (inneren) Klarheit, damit wir offen und frei kommunizieren können. Hierzu finden Sie auch weitere Ausführungen in Kapitel 5 *Selbstfürsorge – sich selbst in die Hand nehmen.*

Eine gute innere Ordnung, Souveränität im Auftreten, Großzügigkeit im Denken, ehrliches menschliches Interesse am Gegenüber, all dies wird dazu beitragen, dass wir uns so präsentieren können, wie wir wirklich sind. Und keine Angst zu haben brauchen, etwas Emotionales ungewollt preiszugeben, denn wir haben nichts zu verbergen.

### 2.2.2 Angst, dem Gesprächspartner ins Gesicht zu sehen

Natürlich gibt es auch Menschen, die es einem nicht leichtmachen, ihnen ins Gesicht zu sehen. Sie verbreiten mit einem stechenden Blick Unsicherheit, schlechtes Gewissen und bisweilen sogar regelrecht Angst. Kennen Sie solche Menschen? Sie sehen ihr Gegenüber so lange an, bis man den Blick abwendet. Wenn Sie das nächste Mal jemandem mit diesem Blick begegnen, achten Sie einmal darauf, wohin genau diese Menschen schauen. Schauen sie Ihnen direkt in die Augen? Oder schauen sie Ihnen zum Beispiel auf die Nasenwurzel zwischen den beiden Augen? Und woran liegt es, dass in diesem Blick eine solche Macht liegt, die uns so sehr verunsichert? Sie können der Antwort auf diese Frage mit einer kleinen Übung auf die Spur kommen, die mehr klärt als 1000 Worte.

10 Strempel 2004.

**Übung: Die eigene Emotion im Blick oder die Emotion im eigenen Blick**

!

Bitten Sie die anwesenden Personen einer vertrauten Gruppe (dies können auch Familienmitglieder oder Freunde sein), ihre Gefühle zu beobachten, während Sie sie auf zwei verschiedene Weisen ansehen.

- Für den ersten Blick versetzen Sie sich selbst in die Rolle eines kalten abweisenden überheblichen Menschen und schauen der jeweiligen Person ohne zu blinzeln auf die Nasenwurzel. Nach einigen Sekunden wechseln Sie zur nächsten Person.
- Für den zweiten Blick verändern Sie Ihre Einstellung dahingehend, dass Sie ein lebendiges Interesse an den Menschen haben, etwas von ihnen erleben wollen, ihre Offenheit, ihre Begeisterung, ihre Müdigkeit oder Traurigkeit. Dazu schauen Sie ihnen direkt in die Augen (wobei man ehrlicherweise sagen muss, dass man sich, insbesondere bei einer geringen Entfernung, auf eines der beiden Augen einstellt).

Befragen Sie nun die Menschen nach ihren Empfindungen. Welche Emotionen hat der erste Blick ausgelöst, welche Emotionen der zweite? Haben die Menschen feststellen können, wie Sie diese unterschiedliche Wirkung erzielt haben?
Wenn Sie Spaß gefunden haben an dieser Art von Übung, können Sie auch versuchen, verschiedene emotionale Qualitäten wie Glück, Zufriedenheit, Verliebtheit, Traurigkeit usw. durch den Blick mitzuteilen. Es wird hierbei einiger Übung bedürfen, die Mimik weitgehend auszuschalten und sich allein auf den emotionalen Ausdruck der Augen einzustellen.
Sie erarbeiten sich mit diesen Übungen einen sehr zentralen Aspekt der menschlichen Kommunikation, denn die Augen sind, wie der Volksmund weiß, der Spiegel der Seele.

# 3 Die eigenen Emotionen sind unscharf

*Ich sitze am Straßenrand*
*Der Fahrer wechselt das Rad.*
*Ich bin nicht gern, wo ich herkomme.*
*Ich bin nicht gern, wo ich hinfahre.*
*Warum sehe ich den Radwechsel*
*Mit Ungeduld?*
Bertolt Brecht, Buckower Elegien

In diesem Kapitel geht es um die Emotionen, und zwar die eigenen. Sie fragen sich vielleicht, was die eigenen Emotionen in einem Sachbuch über Kommunikation zu suchen haben. Diese Frage ist berechtigt. Betrachten wir dazu eine kleine Szene. Ein Autofahrer nimmt Ihnen die Vorfahrt, Sie regen sich furchtbar auf. Wenn Sie nun aus dieser Aufregung oder Wut heraus unreflektiert und automatisch handeln, werden Sie vielleicht den anderen beschimpfen, herumbrüllen, laut hupen usw. – Sie lassen sich von Ihren Emotionen unkontrolliert mitreißen. Relativ spontane und unbedachte Handlungen sind die Folge, die Ihnen vielleicht später nicht so angenehm sind.

Anders wäre es, wenn Sie Ihre Emotionen im Griff haben und bei völliger Klarheit feststellen, dass sich in Ihnen nach dem kleinen Schreck eine Aufregung breitmachen will. Sie beobachten diese Aufregung, wie sie sich aufbaut – und wie sie wieder abflaut. Aber Sie lassen sich nicht zu spontanen Gefühlsäußerungen oder Handlungen hinreißen (wie Sie dies erreichen, dazu finden sich Hinweise in Kapitel 5). Sondern Sie freuen sich, dass es keinen Unfall gegeben hat, und fahren weiter. Sie bleiben – und das ist das Entscheidende – Herr der Lage und lassen sich nicht von irgendwelchen Emotionen übermannen.

Dieses Kapitel zeigt Ihnen, welche emotionalen Einflüsse uns von unserer Achtsamkeit ablenken können. Wir haben dabei neben unserer inneren Ruhe noch einen zweiten Aspekt im Blick. Denn je genauer wir wahrnehmen, welche emotionalen Reaktionen andere Menschen bei uns selber auslösen, umso mehr Informationen haben wir über uns selber und umso genauer können wir die Situation steuern und flexibel und handlungsfähig bleiben. Anders gesagt, Emotionen, die uns überraschen oder die wir nicht im Blick haben, lenken von einer geordneten und auf den Saal bzw. meine Gesprächspartner ausgerichteten Kommunikation ab, sodass der notwendige Kontakt zum Zuhörer nicht aufgebaut werden kann.

## 3.1 Die Emotion der Eile

*Du bist sehr eilig, meiner Treu! Du suchst die Tür und läufst vorbei.*
Johann Wolfgang von Goethe (1749–1832)

Wie schon in Kapitel 1.2.1 aufgezeigt, tragen vermeintlicher Zeitdruck und selbstgemachte Hetze nicht dazu bei, gesammelt bei uns zu sein. Sie bewirken eher das Gegenteil. Wir nehmen uns selber nicht wahr, sind flatterig, wollen mehrere Dinge zeitgleich erledigen, laufen dabei schon eilig zum Auto, um zum nächsten Termin zu hetzen. Dabei erledigen wir all dies doch nur auf einem relativ geringen Anspruchsniveau, weil einfach die Konzentration fehlt. Und so nehmen wir auch unsere eigenen Reaktionen auf äußere Ereignisse, die Worte von Menschen oder das Feedback des Zuhörers nicht mehr präzise wahr, reagieren eher allgemein.

Häufig merken wir selbst auch nicht, wie unsere persönliche emotionale Reaktion in dem Moment ist. Das Hamsterrad hält uns gefangen und wir haben innerlich auf Autopilot gestellt. Dass wir unter diesen Umständen keine ausgewogenen Reaktionen auf unsere Umwelt hinbekommen, liegt auf der Hand. Und unsere Mitmenschen merken das natürlich auch. Der unstete Blick, der nichts halten kann, die fahrigen Gesten, die unausgegorenen Reden, sie bleiben nicht verborgen.

Dabei könnten wir selbst bestimmen, wie wir trotz der zugegebenerweise knappen zeitlichen Ressourcen reagieren. Man sagt von Alexander dem Großen, er habe, bevor er eine Frage beantwortete, solange gewartet, wie man braucht, um innerlich bis 20 zu zählen. So konnte die Antwort in seinem Geiste reifen. Oder Altbundeskanzler Helmut Schmidt. Sehen Sie sich auf YouTube an, wie er Fragen beantwortet. Ruhe und Bedächtigkeit in Reinkultur. Hier können Sie sehen, dass ein wenig Entschleunigung nun wirklich kein Luxus ist, sondern Voraussetzung für wohlüberlegte Äußerungen.

Die Emotion der Eile, auch die vermeintliche Verpflichtung, auf Fragen sofort zu antworten, behindert uns also, bei uns selbst zu sein und unser Potenzial voll auszuschöpfen.

**Übung: Gespräch ohne Eile** !

Wenn Sie das nächste Mal eine Person ansprechen, und sei es wegen einer noch so belanglosen Angelegenheit, probieren Sie Folgendes aus: Sie nehmen die Person als Ganzes mit den Augen wahr, befragen Ihr Gefühl zu ihr und stellen zuerst fest, was Sie empfinden. Erst danach sprechen Sie die Person an.
Diese Wahrnehmung dauert – bei einiger Übung – weniger als eine Sekunde. Trotzdem wird es Ihr Gespräch auf deutlich wahrnehmbare Weise verändern, Ihrer beider Konzentration und Aufmerksamkeitsniveau erheblich verbessern.

## 3.2 Achtsamkeit und Ablenkung – mich selbst im Blick

*When you stir the soup stir the soup.*
Zenmönch Edward Epse Brown zu einem Kochkursteilnehmer in dem Film »How to cook your life« von Doris Dörrie

Wissenschaftlich längst widerlegt ist die Mär der Multitaskingfähigkeit des modernen Menschen[11]. Ja, sicherlich können wir auf einem geringen Anspruchsniveau Dinge parallel tun, aber wenn es auf Konzentration und Qualität, auf Kreativität und Genauigkeit ankommt, können wir uns nur um eine einzige Sache kümmern. Martin Geiger[12] verweist auch darauf, dass häufige Unterbrechungen und die Beschäftigung mit Nebensächlichkeiten unsere Effizienz erheblich herabsetzen.

Und wir lassen uns doch alle häufig ablenken! Kennen Sie das: Sie halten eine wichtige Präsentation oder sind in einem intensiven Gespräch mit einer Person, in einem Termin, den Sie gemeinsam vereinbart haben, und ein Telefon klingelt. Klar, werden Sie sagen, die Telefone sollten ausgeschaltet sein. Sind sie aber häufig nicht. Und was dann passiert, ist noch spannender.

11 Vgl. Weißbecker-Klaus 2014, S. 49.
12 Vgl. Geiger 2013.

Vermutlich werden Sie oder Ihr Gesprächspartner das Telefongespräch annehmen und entweder den Anrufer auf einen späteren Zeitpunkt vertrösten oder aber tatsächlich die Angelegenheit in dem Moment klären. Abgesehen davon, dass dies ein Akt der Unhöflichkeit ist (sowohl Sie als auch Ihre Gesprächspartner haben sich extra zu diesem Termin die Zeit genommen), stellt es eine starke Unterbrechung Ihres intensiven Dialogs dar. Alle kommen aus den Gedanken heraus, brauchen einige Minuten, um wieder dasselbe Niveau zu erreichen. Die Qualität Ihres Vortrags oder Gesprächs, die Qualität der erreichten Ergebnisse haben durch diese Unterbrechung erheblich gelitten.

Unterbrechungen und Störungen gehen natürlich auch von anwesenden Personen aus, die mit Sätzen wie »Darf ich Sie mal kurz ...« den Redefluss massiv stören können. Hier ist es am besten, wenn Sie bei einer Präsentation, für die Sie Ihre volle Konzentration gebrauchen, Ihre Zuhörer vorab bitten, eventuelle Fragen erst im Nachhinein zu stellen – bevor Sie dadurch tatsächlich einen wichtigen Aspekt vollständig (und häufig unwiederbringlich!) vergessen.

Gemeinsam ist all diesem, dass Sie die Wahrnehmung für Ihre eigenen Bedürfnisse und Notwendigkeiten nicht genügend im Auge haben. Sie haben nicht genügend Achtsamkeit auf sich selbst. Das können Sie selbstverständlich mit einigen wenigen Überlegungen ändern.

! **Übung: Kommunikation ohne Ablenkung**

Wie wäre es, wenn Sie sich angewöhnen,

- Ihren Zuhörern absoluten Vorrang vor allem anderen einzuräumen,
- nie wieder zu einer Person zu sagen: »Ich muss mal eben schnell etwas mit Ihnen besprechen ...«,
- während eines Dialogs ganz bei Ihren Zuhörern zu sein, ohne ablenkende Gedanken. (Wenn Ihnen etwas Wichtiges in den Sinn kommt, was bei intensiven Nachfragen gerne passiert, schreiben Sie sich das Stichwort auf und bleiben Sie beim Thema.)

Probieren Sie es aus!

## 3.3 Ziele und eigene Interessen

*Wer jedoch keine eigenen Ziele hat, arbeitet für die anderen.*
Brian Tracy, amerikanischer Autor und Berater für Selbstentwicklung (*1944)

Kennen wir nicht alle Sätze wie »Menschen, die keine Ziele haben, sind dazu verdammt, für Menschen zu arbeiten, die welche haben«[13]? Und haben wir nicht auch schon darüber nachgedacht, haben wir nicht selbst versucht, unsere Ziele zu definieren?

Hier in diesem Buch geht es aber nicht um die äußeren Ziele. Hier geht es darum, die innere Ordnung zu finden, damit man aus ihr heraus und mit Leidenschaft nach außen hin klar und deutlich wirken kann. Und in diesem Abschnitt geht es darum, dass bestimmte Unklarheiten in der persönlichen Interessenlage die Wahrnehmung verschleiern, für mich selber und vor allem für meine Emotionen.

**Ungeklärtes schafft Verwirrung**
Warum tue ich, was ich tue? Wie fokussiert bin ich? Warum halte ich eine Rede oder eine Präsentation? Sicherlich, es gibt auch hierbei notwendige Routinejobs, die wir einfach erledigen. Aber in der Mehrzahl der Fälle dürfte doch die Frage berechtigt sein, was mich innerlich antreibt. Denn wenn ich mir diese Frage nicht beantwortet habe, werde ich nicht mit meiner ganzen Aufmerksamkeit dabei sein. Dann wird mein Zuhörer diese Ungeklärtheit spüren. Er wird spüren, dass es für mich eine Pflicht ist, mich vorne am Pult zu präsentieren, ich aber kein echtes persönliches Bedürfnis an dem Thema, zum Beispiel die Erklärung eines bestimmten Sachverhalts, habe. Er wird spüren, dass mir die Angelegenheit oder dieser Vortrag nicht besonders am Herzen liegen. Oder dass mir das Projekt sehr wohl am Herzen liegt, aber ich in diesem Moment nicht im Thema und bei mir bin, und somit auch nicht bei ihm. Manfred Geiger erwähnt in diesem Zusammenhang das wacklige Apothekerschränkchen der unerledigten Dinge, dessen Schubladen latent

13 Vgl. Doyle Staples 1995.

offenstehen und uns in unserer Sammlung und Konzentration auf Vorgänge und Menschen ablenken[14].

Wenn ich nicht genau weiß, welches persönliche Interesse ich daran habe, ein bestimmtes Projekt, eine bestimmte Arbeit zu einem guten Ende zu führen (abgesehen von den äußeren Motivationen wie Verdienst, Erfolg etc.), dann bin ich im Gespräch mit den Menschen auch nicht klar. Wenn ich weiß, wofür ich in diesem Moment vorne am Pult stehe, dann bin ich für mich wesentlich geordneter. Meine persönlichen Interessen sind klar, ich renne nicht irgendwelchen äußerlichen Anforderungen hinterher oder versuche, Erwartungen zu erfüllen, sondern ruhe in mir. Dann kann ich sehr genau wahrnehmen, wie es mir geht, wie ich auf meine Gesprächspartner reagiere, auf neue Ideen und Anforderungen. Umgekehrt formuliert: Wenn meine persönlichen Interessen nicht geklärt sind, achte ich in einem viel zu großen Maß auf die Anforderungen von außen, auf die Erwartungen der anderen Menschen, ja, ich bemühe mich viel zu sehr, dem zu entsprechen, wie sie denken, und in vorauseilendem Gehorsam das zu sagen oder zu tun, was ich glaube, das sie von mir erwarten. Dass mich eine Einstellung dieser Art nicht frei reden und offen kommunizieren lässt, dürfte auf der Hand liegen.

Drehen Sie den Spieß um, erforschen Sie Ihre Motivation und erfreuen sich an der Klarheit und Ihrem Elan.

!

**Übung: Persönliche Interessen**

Nehmen Sie sich eines Ihrer kleineren Projekte vor. Notieren Sie bitte sehr genau, was Sie an diesem Projekt fasziniert, warum Sie dafür begeistert sind. Und zwar ganz persönlich:

- Wie fördert dieses Projekt mein eigenes Wachstum?
- Was dabei fördert meine Kompetenz?

Finden Sie jeweils mindestens drei Punkte.
Im zweiten Schritt beobachten Sie dann, wie sich Ihre Kommunikation verändert mit den Menschen, die mit diesem Projekt zu tun haben. Können Sie klarer wahrnehmen, was von diesen Menschen ausgeht? Haben Sie eine klarere Idee, was deren Motivation ist? Können Sie Ihre Gefühle bezüglich der Menschen und Situationen klarer wahrnehmen?

14 Vgl. Geiger 2013, S. 64.

## 3.4 Übernommene Urteile

Viel stärker, als wir glauben, ist unsere Prägung durch übernommene Urteile. Unser Denken, Fühlen und unser Handeln werden stark von ihnen beeinflusst. Wir haben unsere Fertigkeiten, unser Denken und Empfinden von den uns prägenden Menschen übernommen und damit auch ihre Urteile. Das ist für sich genommen nichts Schlechtes, eher im Gegenteil. Es hat uns in diese Gesellschaft hineinwachsen lassen, in der wir uns zumeist auch ganz gut zurechtfinden. Wenn wir nun auf dem Podium stehen und eine Rede halten, reproduzieren wir in unserem Verhalten und in unserem Denken zumindest teilweise diese Prägungen. Nachteilig ist es, wenn sich dabei übernommene Urteile einschleichen, die unserem Denken nicht entsprechen, denn das schwächt unsere authentische Ausstrahlung. Betrachten wir einige Aspekte, die auch in unser Reden und öffentliches Auftreten hineinwirken.

### 3.4.1 Eltern

*Spiel nicht mit den Schmuddelkindern.*
Franz Josef Degenhardt

Eltern können sehr prägend sein. Ihre Lebenserfahrung und ihre häufig klare Führung während der Kinder-und Jugendzeit führen dazu, dass wir ihre Vorstellungen und Urteile zuerst einmal übernehmen. Lebensstil, Berufswahl, Karriereplanung, all das wird wesentlich von den Eltern beeinflusst. Später gehen wir dann unsere eigenen Wege. Viele von uns haben aber auch schon die Erfahrung gemacht, dass man – in einem lichten Moment der Selbstbeobachtung – sich selber wie seinen Vater oder seine Mutter sprechen hört oder handeln sieht. Dies könnte der Moment sein, in dem sich dem eigenen Lebensweg Individuelles und Neues hinzufügt, etwas, das den von den Eltern mitgegebenen Erfahrungsschatz erweitert.

In dieser Phase dürfte sich dann auch die Wahrnehmung für uns selber verändern. Wir werden klarer erkennen, was unsere ureigensten Impulse sind, welche Emotionen unsere eigenen sind, und wir werden mit einem schärferen Blick dafür sorgen, sowohl uns selbst in unserer Rolle als auch die Situationen und Menschen mit unseren eigenen Augen zu sehen und dabei unsere eigenen Gefühle zu erleben.

### 3.4.2 Mitmenschen prägen

*Hinter jedem erfolgreichen Mann steht eine kluge Frau.*
Volksmund

Unser Blick auf die Welt wird auch beeinflusst von den Menschen, mit denen wir uns umgeben. Ihren Einfluss dürfen wir nicht unterschätzen, denn sie prägen uns ebenfalls in starkem Maß, insbesondere langjährige Partner und Freunde. Ihren Urteilen, Meinungen und Weltanschauungen können wir uns nur sehr schwer entziehen. Denselben starken Einfluss beobachten wir bei Menschen, mit denen wir zu tun haben, die aber nicht unbedingt unsere besten Freunde sind, sei es im Beruf oder in der Verwandtschaft, auch sie beeinflussen uns bisweilen stark.

Man kann sich leicht vorstellen, dass der Kontakt zur eigenen Wahrnehmung schwierig herzustellen ist, wenn man solch starken Einflüssen von außen unterliegt bzw. diesen Einflüssen Raum gibt. Wir sehen Menschen, Ereignisse und Dinge durch die Brillen der uns beeinflussenden Menschen und kommunizieren aus einer instabilen eigenen Lage heraus.

! **Fallbeispiel: Aufstehen, Karriere machen**

Zu Studienzeiten witzelten wir untereinander über einen Professor, der es mit Engagement, Geschick und politischem Kalkül sehr weit gebracht hatte. Wir amüsierten uns über die Vorstellung, seine Frau würde jeden Morgen an sein Bett treten mit: »Georg Schätzchen, aufstehen, Karriere machen!« Intuitiv hatten wir erkannt, dass seine Motivation nicht so ausgeprägt die der Forschung und Lehre war. Für uns schien es, dass er lediglich dem Wunsch seiner Frau entsprechen wollte, einen erfolgreichen und insbesondere in der Öffentlichkeit präsenten und wirksamen Professor zum Mann zu haben.

### 3.4.3 Urteile aus den Medien

Medien üben ebenfalls einen sehr starken Einfluss aus, zuvorderst aktuell die Sozialen Medien. Und beim Schreiben konnte ich der Verführung, mich ausgiebig zu den elektronischen Medien und den Social Media zu äußern, auch nur knapp widerstehen. Ich möchte Sie aber, liebe Leserinnen und Leser, ermutigen, sich in diesem Zusammenhang Ihr eigenes Urteil zu bilden. Woher beziehen wir unsere Informationen? Sind wir als Menschen des 21. Jahrhunderts in unserem Denken wirklich so unabhängig, wie wir glauben? Benutzen wir die uns täglich erreichenden Informationen nicht fast ausschließlich, um unsere Glaubenssätze und unser Weltbild zu bestätigen und zu untermauern? Niemand geringerer als Rudolf Augstein, der Gründer des SPIEGEL, soll gesagt haben: »Die Zahl derer, die durch zu viele Informationen nicht mehr informiert sind, wächst.« Anregungen zur denkerischen Eigenständigkeit finden Sie in den Büchern von Rolf Dobelli und Harald Welzer (s. Literaturliste).

Durch diese vielfältigen Einflüsse, das sei noch einmal wiederholt, lassen wir uns leicht aus unserer Mitte drängen und nehmen unsere Emotionen und die Weisheit unserer inneren Stimme nur sehr ungenau wahr. Wen wundert es da, dass wir in unserer Kommunikation nur relativ allgemein und unpräzise bleiben?

**Fallbeispiel: Prägung durch Medien** !

Während des Studiums hatte ich für einige Zeit ein Abonnement der großen lokalen Zeitung und las darin relativ viel. Irgendwann merkte ich in Diskussionen mit Kommilitonen, dass meine Argumentation stark geprägt war von den Gedankengängen dieser Zeitung. Ich bestellte die Zeitung sofort ab.

### 3.4.4 Tratsch

Der Vollständigkeit halber möchte ich an dieser Stelle den Einfluss von Tratsch erwähnen, auf den ich später noch einmal zurückkomme. Wie leicht übernehmen wir die Urteile anderer Menschen, insbesondere, wenn sie emotional sind oder einen skandalösen Inhalt haben! Sehr schwer finde ich es, bei diesem vermeintlich leichten und häufig praktizierten Gerede bei dem Grundsatz zu bleiben, nicht über, sondern mit Menschen zu reden.

**Übung: Eigener Blick auf die Welt** !

Dazu schlage ich Ihnen gleich eine Übung vor. Identifizieren Sie heute und in den beiden kommenden Tagen jeweils eine Situation, in der Ihre Persönlichkeit, Ihr Blick auf die Welt, Ihre Anschauung oder Ihr Urteil beeinflusst wurde durch Menschen Ihrer direkten Umgebung wie Freunde, Angehörige oder Verwandte.

## 3.5 Unbewusstes in der eigenen Biographie

Ins Unbewusste abgerutscht sind neben den Einflüssen durch unsere Mitmenschen viele Erlebnisse und Prägungen aus den Kindertagen, der Kindergartenzeit und der frühen Schulzeit. Sie sind uns nicht mehr bewusst, bestimmen aber unsere Reaktionen und unseren Blick auf die Welt. In den Stimmbildungsseminaren begegne ich immer wieder Menschen, die sich – häufig auch im fortgeschrittenen Lebensalter – mit ihrer Stimme intensiv auseinandersetzen wollen. Sie spüren, dass es in ihnen einen Impuls gibt, die Sing- oder Sprechstimme (weiter) auszubilden, obwohl sie von sich sagen würden, dass sie keine schöne Stimme haben. Sehr häufig kommt dann während der Arbeit zum Vorschein, dass sie als Kinder alleine vor der Klasse singen mussten, was für sie ein furchtbares Erlebnis war, oder auch dass der Lehrer sie aus dem Chor oder der Schauspielgruppe (gerne unmittelbar vor einer Aufführung) ausgeschlossen hat. Teilweise über Jahrzehnte ist dieses Erlebnis verschüttet gewesen, an der Oberfläche war nur: »Ich kann nicht singen/sprechen.«

!

**Fallbespiel: Leise wegen der Nachbarn**

Ein Biologe in Staatsdiensten kam zu mir in den Unterricht, um an der Lautstärke und Verständlichkeit seines Sprechens zu arbeiten. Häufig hatte er von den Kolleginnen und Kollegen gehört, er solle doch lauter sprechen, es sei so mühsam, ihm zu folgen. Wir machten einige Übungen und eine volltönende und tragfähige Stimme kam zum Vorschein. Auf der Suche nach der Ursache wurde sehr schnell deutlich, dass jede stimmliche Äußerung mit seiner Kinderzeit zu tun hatte. Die Familie hatte in einer engen Wohnung in einem hellhörigen Haus gelebt und die Kinder wurden ständig ermahnt, nicht ihre kraftvollen Stimmen zu benutzen, sondern wegen der Nachbarn sehr leise zu sprechen. Der kraftvolle und raumfüllende Stimmgebrauch versetzte ihn also immer wieder zurück in die Erlebenswelt der Kinderzeit.

Ähnliche Erlebnisse haben viele Menschen, nicht nur auf dem Gebiet des Sprechens oder Singens. Dazu, wie Reaktionen in Kommunikationssituationen dadurch beeinflusst werden, gibt es weitere Informationen in Kapitel 5.1 *Erforschung des kommunikativen Innenlebens*. Hier geht es darum, dass durch solche »Altlasten« auch meine Wahrnehmung für mich selber ungenau sein kann. Beispielsweise wenn ich einem Menschen, der Ähnlichkeit mit einem früher getroffenen Menschen hat, begegne. Das wird mit Sicherheit einen Einfluss haben auf die Art, wie ich meine Emotionen zu dieser Person wahrnehme. Ich bin also nicht zu 100% mit meiner Wahrnehmung in der jetzigen Situation, sondern zum Teil auch in der damaligen Zeit, wie bereits in Kapitel 2.1 erwähnt.

Es ist eine besondere – und im Hinblick auf freie und offene Kommunikation wichtige – Herausforderung, mich von diesen einschränkenden Urteilen und im Unbewussten schlummernden Erlebnissen zu befreien. Denn sie beeinflussen meine Wahrnehmung bisweilen erheblich, insbesondere in Stresssituationen, die Ähnlichkeiten mit dem alten Erleben haben.

## 3.6 Die Verantwortung der anderen?

Ja, das wissen wir doch alle: Wir können niemanden für unser Schicksal verantwortlich machen. Und doch neigen wir dazu, anderen Menschen die Schuld dafür zu geben, dass bestimmte Dinge nicht klappen. Im Beruflichen ist es der Kollege X, der immer wieder versucht, uns beim Vortrag mit unnötigen Nachfragen zu provozieren und aus dem Konzept zu bringen. Hatten wir nicht schon einmal überlegt, uns beim Chef massiv über ihn zu beschweren, damit das endlich ein Ende hat? Ein Bekannter, evangelischer Theologe, hätte fast seine Antrittspredigt bei einer neuen Stelle als Dekan verpatzt, als sein erster Blick von der Kanzel auf einen herzhaft gähnenden Mann in der ersten Reihe fiel. Diese Respektlosigkeit und das offensichtliche Desinteresse hatten ihn furchtbar wütend gemacht. Oder der Klassiker der heutigen Zeit: Sie stehen vorne und referieren und in der ersten Reihe beschäftigen sich Personen hingebungsvoll mit ihren Smartphones. Sie haben den Eindruck, dass sie Ihnen überhaupt nicht folgen. Wie schnell neigen wir dazu, das als gezielten und persönlich gemeinten Affront aufzufassen!

Beispiele dieser Art wird jeder von uns haben, massenweise. Was steht dahinter? Ich meine nicht, was steht bei dem anderen dahinter, sondern was steht bei mir dahinter? Könnte es sein, dass ich diesen Kleinigkeiten zu viel Gewicht gebe? Könnte es sein, dass ich sehr viel mehr hineininterpretiere, als eigentlich da ist? Wenn ich die Möglichkeit in Betracht ziehe, dass ca. 90% dieser Ereignisse nicht gezielt gegen mich persönlich gerichtet sind, wird mein Blick schon wieder sehr viel freier. Ich darf mir dann noch die Frage stellen, ob von den restlichen 10%, die möglicherweise mit Absicht gegen mich gerichtet sind, sich nicht ein bestimmter Anteil gegen meine Rolle (Vorgesetzter, Lehrer ...) richtet[15]. D. h., eine persönliche Betroffenheit meinerseits ist überhaupt nicht angemessen, sondern jeder andere Mensch, der meine Funktion hätte, würde mit denselben Konfrontationen zu rechnen haben. Wie es der Blick jetzt? Wieder ein Stück freier?

Um mit einem freien Blick auf die Dinge zu schauen und mit offenen Augen zu Menschen zu reden und mit ihnen zu kommunizieren, sollte ich dafür sorgen, dass es mir gut geht, dass ich in mir und in meiner Mitte ruhe. Dies kann ich u.a. dadurch erreichen, dass ich mich selber genauer betrachte und die eigenen Reaktionen studiere. Um diese Selbsterforschung, die Selbstklärung und schließlich die Erhöhung der Selbstwirksamkeit soll es im kommenden Teil gehen.

15 Vgl. Hermann-Ruess 2012, S. 188.

# Teil 2

Selbstklärung – machen Sie sich fit

*Egal wie groß das Vorurteil oder meine Irritation durch Benehmen, das für mich herausfordernd ist: Durch kurzes In-mich-Gehen, Selbstempathie komme ich wieder in Kontakt mit mir selbst und kann die Situation im Sinne der Grundfrage beeinflussen: »Wie möchte ich, dass wir Menschen einander begegnen?«*
Laureen Koch, Trainerin GFK (Gewaltfreie Kommunikation), Inhaberin Weinagentur

Um der großen Vision einer authentischen, offenen und zugewandten Kommunikation näherzukommen, werden wir uns in diesem zweiten Teil des Buches mit uns selbst beschäftigen, um genauer zu wissen, wie wir reagieren, was wir gut können und wo wir Defizite haben. Kurz, wir werden – so Sie es wollen – in den Prozess der Selbstklärung, wie Friedemann Schulz von Thun es nennt, eintreten. Dazu betrachten wir zuallererst unsere Sinne (Kapitel 4). Denn sie sind unsere Brücke in die Welt und zu den anderen Menschen. Im Kommunikationsprozess spielen das Sehen und das Hören eine führende Rolle, aber auch das Riechen hat eine Bedeutung.

Über diese Brücken hinweg findet ein spannendes Wechselspiel statt. So beobachten wir bei intensiven Sinneseindrücken eine starke Rückkopplung auf uns selbst, auf unser Befinden, auf unsere Gefühle. Denken Sie an das kontemplative Schauen auf eine wunderschöne Sommerlandschaft, das ergriffene Lauschen auf das Vogelgezwitscher in einem Frühlingswald, das Hineinsinken in eine wunderschöne Musik oder das genussvolle Erahnen eines zarten Rosenduftes. In dieser veränderten Wachheit und Aufmerksamkeit können wir sehr viel mehr Informationen über unsere Umwelt aufnehmen als üblich. Anders gesagt, je mehr wir uns mit uns selber und unseren Sinnen beschäftigen, umso offener und feiner nehmen wir von außen auf uns einströmende Informationen wahr. Insofern ist der Weg zu mehr Information zuerst nicht ein nach außen, sondern ein nach innen gerichteter, der unsere Antennen feiner macht und uns damit mehr mitbekommen lässt von den Dingen, die außerhalb von uns liegen. Dies wird einen großen Nutzen in unseren alltäglichen Vortrags- und Kommunikationssituationen haben.

Ebenso wie bei den Sinneswahrnehmungen geht es uns bei der Verarbeitung von Informationen. Je feiner und genauer dieser Prozess abläuft, umso freier werden wir und umso unabhängiger können wir reagieren. Mit diesen Gedanken beschäftigen wir uns in Kapitel 5 *Selbstfürsorge – sich selbst in die Hand nehmen*. Wir werden dort erfahren, wie wir uns selbst »in die Hand nehmen« können, wie wir selbst unser Empfinden und die Wirkung von auf uns zukommenden Informationen steuern können. Einige grundlegende Informationen zu den Prozessen und einige Übungen werden uns neue Sichtweisen ermöglichen.

Kapitel 6 gibt abschließend Einblicke in die technische Umsetzung des Sprechens, dies geht von der physischen Umsetzung der Sprache bis hin zur Bühnenpräsenz. Hier finden Sie praktische Tipps, wie Sie mit idealer Sprechtechnik und einem souveränen Auftritt Ihrer Rednerrolle optimal gerecht werden.

**Überblick: Die verschiedenen Facetten des guten Redens**

Damit Sie wissen, wie die jeweiligen Kapitel mit ihren Themen zusammenhängen, finden Sie in der folgenden Grafik eine Übersicht über die verschiedenen Faktoren, die zusammen gutes Reden ausmachen.

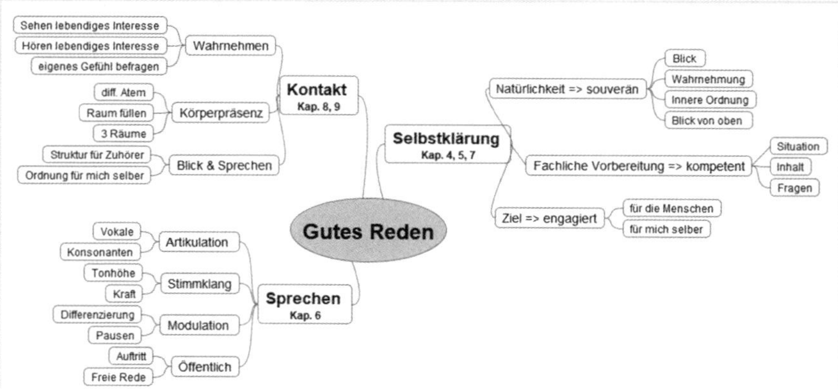


**Abb. 1:** Beim guten öffentlichen Reden greifen mehrere teilweise parallel ablaufende Prozesse ineinander.

Letztlich ist gutes Sprechen das Ergebnis einer intensiven Beschäftigung mit drei großen Themengebieten. Links unten sehen Sie die verschiedenen Bereiche der Sprechtechnik (Kapitel 6). Auf der rechten Seite finden Sie unter dem Thema Selbstklärung die wichtigen Faktoren Souveränität, fachliche Kompetenz und Engagement. Ihre fachliche Kompetenz setze ich voraus und diese braucht daher hier nicht behandelt zu werden, ebenso wenig wie das Engagement bzw. die Zielorientierung, die bereits in Kapitel 3.3 angesprochen wurde. Die notwendige Souveränität im Auftritt erwerben wir durch die Bearbeitung von Teilgebieten, die in den Kapiteln 4, 5 und 7 genauer beleuchtet werden. Links oben finden Sie dann unter dem Stichwort Kontakt in Kapitel 8 und 9 die Anwendung dessen, was dort behandelt wurde.

# 4 Kontakt – passiv in die Welt hinein

Obwohl unsere Wahrnehmungsprozesse zumeist als aktiv erfahren werden (ich blicke hierhin, ich lausche auf die Musik, ich fühle den Stoff usw.), liegen doch passive Vorgänge zugrunde. Äußere Reize treten durch unsere Sinne in unser Inneres und unser Erleben hinein[16]. Diesen passiv-empfangenden Aspekt der Sinneswahrnehmungen werden wir im ersten Teil dieses Kapitels betrachten und auch üben – damit unsere Wahrnehmung feiner wird und mehr Informationen zu uns durchdringen.

## 4.1 Unsere fünf Sinne

Mit unseren fünf Sinnen bewegen wir uns in der Welt, nehmen wir Eindrücke auf, orientieren uns und korrigieren, wenn nötig, unsere Handlungen. Viele von uns haben schon erlebt, dass wir wesentlich mehr Informationen aufnehmen können, wenn wir unsere Sinne schulen und die Genauigkeit der Wahrnehmung verbessern.

### 4.1.1 Blick – die Bilder kommen zu uns

Unsere Welt ist eine überwiegend optisch organisierte Welt. Unsere räumliche Orientierung erfolgt fast ausschließlich über den Sehsinn, wir kommunizieren im Berufsleben mit Texten, Präsentationen, E-Mails und den Social Media überwiegend optisch. Die anderen vier Sinne werden weit weniger genutzt.

Aber was genau passiert beim Sehen? Wenn ich in meinen Seminaren frage, ob der Blick eine Richtung hat und wenn ja, welche, antworten die meisten Teilnehmer, dass der Blick sich auf das angeschaute Objekt richtet, also eine Richtung von mir zum Objekt hat. Bei genauerer Betrachtung der physikalischen Vorgänge wird allerdings schnell klar, dass es genau umgekehrt ist. Das

16 Die in diesem Kapitel dargestellten Inhalte finden Sie in ausführlicherer Darstellung in meinem Buch »Ab jetzt ich selbst« (siehe Literaturverzeichnis).

Licht fällt auf das Objekt, wird reflektiert und trifft dann auf unser Auge, um den Sehvorgang auszulösen. Nachdem dieser Vorgang geklärt ist, folgt in den Seminaren als zweiter Schritt, dass das Erleben darauf eingestellt wird. Das bedeutet: Wir richten unseren Blick nicht mehr auf ein Objekt, sondern stellen uns auf ein passives Aufnehmen der Bilder ein, wir lassen sozusagen die Bilder zu uns kommen. Wenn wir mit erhöhter Aufmerksamkeit die Lichtwellen zu uns strömen lassen, die Bilder also zu uns fluten lassen, entsteht eine andere innere Einstellung. Sie wird von den Teilnehmern mit mehr Ruhe, Sammlung oder Fokussierung beschrieben. Es wird auch beobachtet, dass sich die Atmosphäre im Raum ändert. Eine eventuell vorhandene Unruhe weicht einer konzentrierten, dichten, erwartungsvollen Atmosphäre, einer lebendigen aufmerksamen Stille.

Wir erreichen mit dieser Art zu sehen zwei Effekte: Zum einen verändern wir uns selber, werden konzentrierter und ruhiger, zum anderen verändert sich auch die gesamte Gruppe und die Stimmung im Raum wird ebenfalls gesammelter und fokussierter. Diese Auswirkungen scheinen Ihnen übertrieben? Bitte, probieren Sie es aus!

! **Übung: Passiver Blick**

Diese Übung braucht etwas Vorbereitung. Sie benötigen eine Schnittblume, einen Blumentopf oder ein schönes künstlerisches Objekt, wie z.B. eine Plastik. Dies positionieren Sie vor sich in einem Abstand von einem bis drei Metern, möglichst vor einen neutralen Hintergrund.
Nun probieren Sie zweierlei. Zum ersten schauen Sie wie gewohnt mit Ihrem stechend forschenden Blick auf die Blume oder das Objekt. Sie werden einige Details entdecken und Sie werden gleichzeitig eine bestimmte innere Haltung bei sich wahrnehmen. Vielleicht beobachten Sie auch, dass sich die Muskulatur um die Augen aktiviert, um den sogenannten fokussierten Blick zu unterstützen.
Als Zweites probieren Sie aus, wie es sich anfühlt, wenn das Licht vom Objekt zu Ihnen strömt, wie sich Ihr Sehen verändert, wenn Sie wahrnehmen, dass die Bilder zu Ihnen kommen, dass Sie für diesen Teil des Prozesses nichts aktiv hinzuzufügen brauchen. Sie sitzen entspannt und genießen die Bilder, die in Ihrem Gehirn entstehen. Möglicherweise sehen Sie nach einiger Zeit sehr viel mehr Details als vorher, sehen die Farben und Formen intensiver, eine größere Tiefenschärfe. Eventuell verschwimmen die Dinge im Hintergrund etwas, sodass Ihr Objekt klarer in den Vordergrund tritt.
Anschließend fragen Sie sich, wie Ihre Empfindungen sind. Stellen Sie eine größere Konzentration und Sammlung bei sich fest? Spüren Sie eine Entspannung Ihrer

Augen und der umgebenden Muskulatur? Nehmen Sie wahr, dass sich auch im Raum die Atmosphäre verändert? Wenn Sie einige dieser Wahrnehmungen bei sich entdecken können, freuen Sie sich – Sie erweitern gerade Ihre Wahrnehmungsfähigkeit!
Wenden Sie diese Sichtweise immer wieder einmal an, am besten täglich. Sie werden sich auf Dauer eine andere optische Wahrnehmung der Welt erarbeiten.

### 4.1.2 Hören – Klänge fluten

So viel Krach! So viele Geräusche! Der Straßenverkehr, die Bahn, die Flugzeuge, Baumaschinen, laute Musik, Musikberieselung an öffentlichen Orten wie Kaufhäusern, Restaurants usw., nirgendwo ist es ruhig[17]. Da kann das Ohr eigentlich nur wegschalten – was es auch tut. Manche Menschen reagieren mit Schwerhörigkeit, andere mit Geräuschüberempfindlichkeit. Aber genervt sind wir doch irgendwie alle.

Unser Ohr leidet in der heutigen Zeit von allen fünf Sinnen am meisten, was uns aber nicht bewusst ist. »Das Hören braucht viel mehr Zeit, aber es ist der Sinn, der sich am wenigsten täuschen lässt.«[18] Und es ist für die Entwicklung des Menschen möglicherweise der zentralste Sinn, denn die Weisheitslehren der alten Völker wurden mündlich rhythmisiert in Versen über Generationen weitergegeben, Lesen und Schreiben entwickelten sich erst später[19].

Die Qualität des Hörens können wir verändern, z.B. über die Vorstellungskraft und Wahrnehmung. Üblicherweise »richten wir die Ohren auf etwas«, d.h., wir stellen uns den Hörvorgang als aktive Tätigkeit vor, der von uns ausgeht in die Richtung der Schallquelle. Wenn man sich allerdings die physikalischen Gegebenheiten klarmacht, sieht man, dass es analog zu den Augen auch hier umgekehrt ist. Eine Schallquelle bringt die Luft in einer Longitudinalwelle zum Schwingen. Diese Schwingungen breiten sich aus und treffen auf unser Trommelfell, das seinerseits zum Schwingen angeregt wird. Diese Schwingung pflanzt sich über die Hörknöchelchen zum Innenohr fort, wo der Hörvorgang stattfindet. Im Gehirn formt sich dann das Gehörte.

17 Vgl. Liedtke 1985.
18 Sonnenschmidt 2011, S. 110.
19 Ebda.

Es ist aber noch etwas komplexer. Denn unsere innere Einstellung beeinflusst nicht nur die Empfindlichkeit des Gehörs, sondern auch bei der Überstrapazierung des Ohrs durch laute Geräusche den Grad der Schädigung. Wenn wir etwas lieben, wenn wir ein Geräusch oder eine Musik mögen, ist die nervliche Belastung und die mögliche physische Schädigung des Hörorgans wesentlich geringer, als wenn wir die Geräusche oder die Musik unangenehm finden oder sie gar hassen.

Ein gut funktionierendes und fein geschultes Hörorgan ist eine wichtige Voraussetzung für gutes Sprechen, gerade auch in großen Räumen. So, wie Sie mit den Augen einen Raum ermessen und sich in ihm verorten, so erforschen Sie auch mit Ihrem Ohr den Raum akustisch und ermöglichen es so der Stimme, ihn mit Schallsignalen bis in die hinterste Ecke zu füllen. In den Seminaren ist es jedes Mal wieder eine faszinierende Erfahrung, wenn eine Stimme nur durch die Bewusstwerdung des Hörvorgangs plötzlich raumfüllend wird.

!

**Übung: Ausrichtung des Hörens**

Ein einfacher Übungsschritt ist es, wenn Sie das Ohr auf die am weitesten entfernte Wand richten und während des Sprechens das Echo wahrnehmen, das entsteht, wenn Ihr Stimmsignal an der Wand reflektiert wird. Sie greifen mit dieser Veränderung des Hörens in den Regelkreis Ohr-Sprachzentrum-Stimme-Ohr ein und können so feststellen, dass der Körper die Voraussetzungen für eine tragende und raumfüllende Stimme alleine herstellt.

Das Beeindruckende hierbei ist: Wir verändern die Wahrnehmung und der Körper verändert seine Aktivität. Und diese Veränderung geschieht auf einem so fein justierten Niveau, wie wir es willentlich nie hinbekommen würden. Wenn wir unserem Körper nämlich vorschreiben: Sprich lauter, wird die Steuerung so grob und undifferenziert sein, dass in der Regel kein schöner Stimmklang entsteht und die Stimme bei längerem Sprechen stark ermüdet.

!

**Fallbeispiel: Hören verändert Stimme**

Sebastian ist Wissenschaftler und forscht in der Chemie. Seine Kollegen an der Uni bemängeln immer wieder, dass er zu leise spricht. Bei der Sprechtechnikübung im Seminarraum lenke ich seine Aufmerksamkeit auf das Echo von der gegenüberliegenden Wand des Raums. Er kann daraufhin die Veränderungen sehr

genau wahrnehmen, bei der verbesserten Artikulation gibt es ein deutliches Echo. Anschließend wird die Aufgabe anders gestellt. Sebastian soll so sprechen, dass er stets das Echo der Wand hört. Und das Erstaunliche geschieht. Er spricht jetzt mit einer raumfüllenden tragenden Stimme, sein Körper hat sich gemerkt, wie der Klang der Stimme zu erzeugen ist, auf den er sich jetzt konzentriert. Sebastian arbeitet also nicht mehr an der Artikulation und der Körperflexibilität, was er im Ernstfall bei einem anspruchsvollen Vortragsthema auch nicht könnte, da seine ganze Konzentration hierfür gebraucht wird, sondern richtet seine Sinne, seine Ohren auf eine bestimmte Aufgabe aus, und diese wiederum veranlassen den Körper, die entsprechenden Veränderungen vorzunehmen. Sebastian vertraut also auf die Intelligenz seines Körpers, ja, er überlässt seinem Körper völlig, wie dieser das gewünschte Klangergebnis realisiert (selbstverständlich auf der Basis der zuvor gemachten Erfahrungen!).
In einem weiteren Schritt richtet Sebastian seine leicht gewölbten Handflächen nach hinten aus und positioniert diese senkrecht vor seinen Ohren seitlich am Kopf. Dadurch hat er praktisch einen Schalltrichter nach hinten. Beim Sprechen nimmt er nun ein in zweierlei Weise modifiziertes Schallsignal wahr. Einerseits hört er das Echo der hinter ihm liegenden Wand, also sozusagen ein doppeltes Echo, zum anderen nehmen seinen Ohren wesentlich weniger von dem Schall wahr, der direkt aus seinem Mund kommt. Der Regelkreis Stimme-Ohr-Sprachzentrum-Stimme ist also jetzt noch einmal verändert und in neuer Weise auf den Raum ausgerichtet. Das Ergebnis ist erstaunlich. Die Stimme klingt noch kräftiger, noch tragender, die Artikulation noch genauer. Auch nach dem Entfernen der Hände ist das Klangergebnis fast gleich, sein System hat sich auf die neue Wahrnehmungsform eingestellt und benötigt die Hilfe der Hände nicht mehr. Regelmäßig durchgeführt wird diese Übung zu einer Sprachverbesserung in Vortragssituationen führen.

### 4.1.3 Riechen – Duft

*Im Atemholen sind zweierlei Gnaden*[20]
Johann Wolfgang von Goethe

Ich hab die Nase voll! Ich kann ihn nicht riechen! Das stinkt gen Himmel! – diese kraftvollen Worte zeigen, wie tief verwurzelt das Riechen in unserem Wortschatz und unserer Wahrnehmung ist. Informationen über Menschen und die Umwelt erhalten wir offensichtlich sehr intensiv über die Nase, vielleicht in früheren Zeiten noch stärker als heute. Und unsere Sprache benutzt diese Sinneswahrnehmung gerne in direkter und übertragener Bedeutung, aber auch, um etwas Besonderes auszudrücken. In der »feinen Duftnote« wird das empfindsame Riechen mit einer angenehmen Hörwahrnehmung verbunden, wenn jemand einen »Riecher« hat, bedeutet das, dass man ihm einen guten Instinkt zuschreibt. Wenn auch das Sehen und Hören mit emotionalen und übertragenen Bedeutungen verwendet werden (»ein Bild von einem Mann«, »ich kann ihn nicht mehr sehen«, »Weitblick haben«; »ich kann es nicht mehr hören«, »das Gras wachsen hören«, »da vergeht mir Hören und Sehen«), so scheint, dass das Riechen eine tiefere emotionale Verankerung in unserem Erleben hat. »Geruch, Gefühl und Urteil können sich im Nu verbinden und verbünden zu einer Meinung.«[21] Oder denken Sie nur einmal an die starke Empfindung, wenn Sie einen viele Jahre nicht erlebten Duft plötzlich wieder in Ihrer Nase haben. Das dürfte eine stärkere emotionale Reaktion hervorrufen als ein altes Bild oder etwas früher Gehörtes. Vielleicht hängt es damit zusammen, dass die Duftwahrnehmung und das Atmen untrennbar miteinander verbunden sind? Und der Atem ist eine grundsätzliche Voraussetzung für unser Lebendig-Sein; ohne Sehen und Hören könnten wir zur Not leben, ohne den Atem nicht.

---

20 Im Atemholen sind zweierlei Gnaden:
Die Luft einzuziehn, sich ihrer entladen;
Jenes bedrängt, dieses erfrischt;
so wunderbar ist das Leben gemischt.
Du danke Gott, wenn er dich presst,
Und dank ihm, wenn er dich wieder entlässt.

21 Sonnenschmidt 2011, S. 33.

Die Beschäftigung mit der Duftwahrnehmung und dem Atem hat eine starke Rückwirkung auf unser Empfinden. Es gibt eine Fülle von Literatur zu diesem Thema. Sänger, Schauspieler und Musiker, Meditierende, Sportler und viele andere mehr beschäftigen sich intensiv mit der Qualität der Atmung. »Die Nase ist ein sowohl instinktives als auch geistiges Orientierungsinstrument. Ahnung, Intuition, Ideenreichtum, Schöpferkraft basieren auf einem intakten Geruchssinn. Sein Verlust löst die Unfähigkeit aus, Gefahr einzuschätzen.«[22] Machen Sie dazu jetzt gleich und da, wo Sie sitzen, eine kleine Übung:

**Übung: Duftwahrnehmung** !

Bei dieser Übung geht es um die Selbstwahrnehmung, um die Beobachtung Ihrer Empfindungen und Gefühle.
So, wie Sie jetzt gerade sitzen, stehen oder liegen, können Sie die Übung ausführen. Beobachten Sie einfach drei Atemzüge lang (ohne die Qualität der Atembewegung beeinflussen zu wollen), wie die Luft durch die Nase ein- und ausströmt. Konzentrieren Sie sich auf Ihre Riechzellen, ob sie einen bestimmten Geruch oder Duft wahrnehmen.
Jetzt geben Sie dem Riechorgan eine weitere Aufgabe, indem Sie an Ihrer Kleidung, Ihrem Portmonee oder Ihrer Brieftasche schnuppern oder den Geruch Ihres Kugelschreibers zu ergründen suchen.
Als letzten Schritt versuchen Sie noch einmal bitte die Qualität der Raumluft zu ergründen. Dabei bemühen Sie sich herauszufinden, wo genau auf dem Weg der Luft vom Eintritt in die Nase bis in die Lunge die Duftwahrnehmung stattfindet. Es geht nicht darum, medizinisch genau zu sagen, wo dieser Ort ist, sondern versuchen Sie, den Ort zu erspüren, indem Sie dem Weg der Luft folgen.
Jetzt befragen Sie wieder Ihre Wahrnehmung. Wie geht es Ihnen? Fühlen Sie sich mehr in Ihrem Körper verankert? Sind Sie innerlich ruhiger geworden? Können Sie klarer denken?
Wenn Ihnen diese Übung zusagt und Sie deutliche Reaktionen Ihres Systems verspürt haben, können Sie diese Übung gut einsetzen, um sich vor wichtigen Reden oder Vortragssituationen zu fokussieren.

22 Ebda., S. 34.

### 4.1.4 Fühlen

Kommen wir zu unseren Händen. Sie sind echte Multitaskinginstrumente, den ganzen Tag beschäftigt, und ihre Vielseitigkeit ist faszinierend. Wir können viele Arten von Greifen ausführen, vom Heben schwerer Gegenstände bis zu höchst differenzierten feinen Bewegungen bei einer Augenoperation, wir kommunizieren, indem wir das Gesagte mit Gesten unterstreichen oder auf etwas deuten, wir nutzen ihre Fähigkeit zur differenzierten taktilen Wahrnehmung, indem wir Materialien erspüren, Formen ertasten und sanft streichelnd unsere Zuneigung ausdrücken, und schließlich können wir auch ohne einen direkten Kontakt Informationen gewinnen, etwa indem wir die Temperatur eines Ofens feststellen, ohne uns zu verbrennen.

Wir können auch hier ein Wechselspiel zwischen unserem inneren Befinden und den Händen bzw. zwischen den Händen und unserem inneren Befinden beobachten. Wenn wir nervös sind und Lampenfieber haben, machen unsere Hände häufig unbeabsichtigte Dinge. Unbewusst kneten wir die Finger, halten die Hände verkrampft zusammen, klicken mit einem Kugelschreiber herum, zupfen an unserer Kleidung, stecken die Hände in die Hosentaschen oder verstecken sie hinter dem Rücken. Ganz vordergründig betrachtet machen die Hände diese Aktionen, weil sie den Rest des Tages ständig aktiv und plötzlich zum Nichtstun verdammt sind. Zugleich sind die Aktivitäten Ausdruck unserer inneren Ungeordnetheit, unserer Nervosität. Wir können also auf zwei Arten herangehen.

Betrachten wir zuerst unser Multitaskinginstrument Hände. Wir können sie in der Art und Weise beschäftigen, dass sie bewusst aktiv sind. Wir können ihnen die Aufgabe geben, einen Stift, einen Laserpointer oder ein Blatt Papier zu halten. Das dürfte schon viel verändern, weil die Hände jetzt in ihrer natürlichen Aktivität sind. Zusätzlich können wir ihnen auch noch die Aufgabe geben, das Objekt, das wir in der Hand haben, tastend zu erforschen. Wie sind die Knöpfe auf der Fernbedienung angeordnet, welchen Clip hat der Kugelschreiber, wie dick und stabil ist das Blatt Papier? Jetzt sind die Hände schon mit zwei ihrer Funktionen beschäftigt, mit dem Greifen und mit dem Fühlen. In den Trainings ist es immer beeindruckend zu erleben, wie viel Einfluss es auf den ganzen Menschen hat, wenn die Hände ihrer Natürlichkeit entsprechend agieren können, weil sie bewusst eingesetzt werden.

Ein weiterer Punkt, mit dem man die Hände beschäftigen kann, ist die Gestik. Es ist etwas völlig Natürliches, beim Reden zu gestikulieren, oder wie der Volksmund sagt, mit Händen und Füßen zu sprechen. Wenn es gelingt, während des Redens die Inhalte mit Gesten zu unterstützen, entweder indem man auf Objekte, Bilder oder Personen zeigt oder auch indem man wichtige Worte mit Bewegungen unterstützt, wird man die Auswirkungen spüren. Die Hände sind beschäftigt mit etwas, was sie können, was ihnen vertraut ist, und sind nicht mehr Ausdruck der inneren Unruhe.

Wir beobachten also eine Rückwirkung auf den Menschen. Dem Publikum fällt eine große Veränderung in der Souveränität und Ausstrahlung auf, sobald eine nervöse Person einen Schreiber oder Laserpointer in die Hand nimmt. Offensichtlich beruhigt sich der Körper durch die natürliche Aktivität seiner Hände so sehr, dass es das ganze System einschließlich der Empfindungen beruhigt. Interessant ist auch, dass die Personen selber die große Veränderung spüren und dies als angenehm und beruhigend empfinden.

Diese deutliche Auswirkung einer äußeren Handlung auf das innere Befinden hängt sicherlich auch mit dem in der Einleitung beschriebenen Als-ob-Prinzip zusammen. Die Hände agieren in einer gewohnten und natürlichen Weise, die Empfindung des Menschen reagiert entsprechend, die Nervosität geht stark zurück[23].

**Praxisbeispiel: Natürlichkeit durch einen Stift in der Hand** !

Marianne spricht deutlich und geordnet, sie weiß, was sie sagt. Aber die Seminarteilnehmer bemerken eine starke Nervosität. Die drückt sich in ihren Händen aus, die sich ständig gegenseitig kneten. Unsere Aufmerksamkeit wird dadurch stark von ihrem Gesicht abgelenkt.

Bei der nächsten Vortragsübung nimmt sie dazu einen Stift in die Hand. Die sofortige Veränderung in ihrem Ausdruck ist beachtlich: Sie spricht ruhig und klar, wir können die ganze Zeit mit unserer Aufmerksamkeit bei ihrem Gesicht bleiben, ihre Nervosität scheint wie weggeblasen. Begeistert sagt sie selbst, dass sie überhaupt nicht mehr nervös sei. Ihre Hände sind jetzt beschäftigt und sie kann sich ganz auf die Inhalte des Vortrags und den Kontakt zum Auditorium konzentrieren.

23 Weitere Tipps, um an unserer Unruhe, inneren Ungeordnetheit und Nervosität zu arbeiten, finden Sie in den Kapiteln 5.4 *Hinschauen*, 6.3 *Auf die Bühne* und 8.2 *Unfaires, Lampenfieber und Co. – wenn der Funke nicht überspringt*.

### 4.1.5 Schmecken

Der Geschmackssinn hat in einem Buch über Kommunikation nicht viel verloren, oder doch? Sicher, wir schmecken nicht unser Publikum oder unseren Gesprächspartner. Aber unsere Empfindungen werden sprachlich ebenso wie bei den anderen Sinnen über Assoziationen aus dem Bereich des Geschmackssinns ausgedrückt. Auch hier finden wir wieder direkte und übertragene Bedeutungen, wie »das schmeckt mir gar nicht«, »etwas hat ein G'schmäckle« (wenn man ahnt, dass etwas nicht stimmen könnte), ein Film, ein Kunstwerk, eine Handlung oder jemand ist »geschmacklos« oder jemand hat einen »guten Geschmack«.

Wir benutzen aber auch den Geschmackssinn, um ästhetisch Anspruchsvolles zu beschreiben. Während beim Sehen, Hören und Riechen die Verfeinerung der Sinneswahrnehmung in dieselbe Richtung geht (mit dem Herzen sehen, das Gras wachsen hören, einen Riecher haben), kommt hier beim Schmecken sofort die übertragene Bedeutung ins Spiel: »Das muss man sich auf der Zunge zergehen lassen!« Gemeint ist hier nicht das Zitroneneis aus der Lieblingseisdiele oder das Lachstatar im Gourmetrestaurant. Gemeint ist hier die übertragene Bedeutung im Sinne von »etwas mit Genuss aufnehmen«, ein Musikstück, einen Text oder architektonische Besonderheiten. »Die hat aber einen guten Geschmack!« – gemeint ist hier nicht die Weinliebhaberin, sondern eine Person, die einen ausgeprägten Sinn für Ästhetik hat, das Schöne zu schätzen weiß oder ihr Haus geschmackvoll einrichtet. Und wer sich einen Miro auf der Zunge zergehen lassen kann, beweist damit seinen guten Geschmack.

Wenn der Geschmackssinn Ihr wichtigstes Wahrnehmungsorgan ist, mithilfe dessen Sie Ihre Begeisterung fördern und ausdrücken können, sollten Sie dies auch unbedingt tun. Einer unserer Freunde, der gut kocht und noch lieber gut isst, läuft jedes Mal zu großer Form auf, wenn er über gutes Essen, gutes Trinken und raffiniertes Kochen spricht. Wenn dieser Mensch eine wichtige Rede zu halten hat, bei der es darauf ankommt, die Menschen zu begeistern, wird er klug daran tun, möglichst ein Kochbeispiel in die Rede einzubauen oder aber sich vorher in die entsprechende Stimmung zu bringen, indem er im stillen Kämmerlein oder im Geiste über Kochen und gutes Essen redet bzw. sich diese Leidenschaft vor Augen führt.

**Fallbeispiel: Begeisternde Weinprobe** !

Bei einer der schönsten Weinproben, die ich mitgemacht habe, war der Sommelier offensichtlich selbst so fasziniert von seinen Weinen, dass er ihre Geschmacksausprägungen und Duftnoten mit einem solch begeisternden, die allgemeine Fantasie und Kreativität anregenden Vokabular beschrieb, dass die Zuhörer anschließend völlig neue Geschmacksempfindungen – um nicht zu sagen, Geschmackssensationen – erlebten. Seine Brücke zum Publikum war seine Begeisterung und auch seine Fähigkeit, seine Leidenschaft vor dem Auditorium auch selbst zu genießen.

## 4.2 Verfeinerung der Sinne

*There are more things in heaven and earth*[24]
William Shakespeare

Es gibt Wahrnehmungen und Empfindungen, die über unsere fünf Sinne hinausgehen. Wir haben alle die Erfahrung gemacht, dass es zusätzlich zu den Wahrnehmungen über Augen, Ohren, Nase, Mund und Hände eine Ebene gibt, die uns tiefer und häufig auch unbewusst anspricht. Sie sehen einen Menschen, können objektiv beschreiben, wie er aussieht, welche Kleidung er trägt, welche Gesichtszüge, welche weiteren Äußerlichkeiten Ihnen auffallen – und dann spüren wir etwas, das deutlich darüber hinausgeht. Unser Gefühl wird auf eine Weise angesprochen, die wir nicht eins zu eins auf äußere Faktoren zurückführen können. Wir versuchen, diese Dinge mit dem Verstand zu ergründen. Wir forschen, versuchen Systematiken für die Wechselbeziehung zwischen äußerer Erscheinung und z. B. Charakter aufzubauen und ziehen dann möglicherweise Schlussfolgerungen wie »eine große Nase deutet auf einen guten Geschäftssinn hin«. Aber mir scheint, dass wir hier doch eher im Dunkeln tappen und am Wesentlichen vorbeigehen.

Wir wissen einzig und allein, dass es Wahrnehmungsebenen gibt, die sich unserem logischen Verstand entziehen, aber doch real sind in dem Sinne, dass sie unser Verhalten beeinflussen. Deshalb möchte ich Sie in diesem

24 There are more things in heaven and earth, Horatio, than are dreamt of in your philosophy (The Tragedie of Hamlet, William Shakespeare).

Kapitel zu einem Ausflug einladen, der sich diesen Gegebenheiten nähert, ohne ins Spekulative abzugleiten.

Unsere fünf Sinne Sehen, Hören, Riechen, Fühlen und Schmecken sind in ihrer Qualität sehr stark von den Dingen gesteuert, die uns aktuell beschäftigen. Wenn Sie sich mit roten Porsches oder Familienplanung oder iPhones beschäftigen, werden Sie im Laufe eines Tages erstaunlich viele rote Porsches, schwangere Frauen bzw. Kinderwagen und kleine Kinder oder iPhones sehen.

Neben dieser Steuerung unserer Aufmerksamkeit gibt es aber noch weitere tiefergehende Wahrnehmungsebenen. Die Autorin und Homöopathin Rosina Sonnenschmidt unterscheidet zwischen den physischen und den intuitiven Sinnen, d.h., sie ordnet jedem realen physischen Sinn eine intuitive Dimension zu. »Wir sehen draußen nur, was unserem Bewusstsein entspricht. Die fünf physischen Sinne agieren immer durch den Bewusstseinsfilter. Die fünf intuitiven Sinne agieren ohne Filter, ganz unmittelbar in einem Nu.«[25] Sie beschreibt mit diesen intuitiven Sinnen, die sie auch Hellsinne nennt, unsere Fähigkeit, »hinter die Dinge zu schauen« oder »etwas zu durchschauen«. Haben wir nicht alle erlebt, dass wir bei aller Intellektualität und willensmäßiger Durchdringung von Sachverhalten häufig das letzte Teil des Puzzles über unsere Intuition bekommen haben? Wenn wir mit dem inneren Auge sehen oder dem inneren Ohr hören, bekommen wir ein umfassenderes Verständnis, alles wird mehr »sichtbar, hörbar, spürbar«. Und diese intuitiven Sinne, sagt Sonnenschmidt, lassen sich im Gegensatz zu den physischen Sinnen nicht täuschen. Zu den Augen sagt sie, es ist »kein Sinn so leicht zu täuschen … wie die physischen Augen«[26].

Es geht bei den folgenden Darstellungen und Übungen – das sei hier noch einmal erwähnt – um die Verfeinerung unserer Wahrnehmung. Denn mit einer genaueren Kenntnis und feineren Wahrnehmung sind wir mehr in uns selber verankert und haben einen besseren Kontakt zu uns selbst. Je mehr dieses gegeben ist, umso selbstsicherer werden wir auftreten und auch bei herausfordernden Situationen vor großem Publikum die innere Ruhe bewah-

25 Sonnenschmidt 2011, S. 8.
26 Ebda., S. 8.

ren und souverän reagieren können. Der Prozess der Selbsterforschung hat viele Facetten, für die ich Sie begeistern möchte.

### 4.2.1 Achtsames Sehen

*Man sieht nur mit dem Herzen gut.*
*Das Wesentliche ist für die Augen unsichtbar.*
Antoine de Saint-Exupéry, Der kleine Prinz

In Kapitel 4.1.1 *Blick – Die Bilder kommen zu uns* haben wir schon erfahren, dass der Sehvorgang ein passiver ist, in dem Sinne, dass die Lichtwellen vom betrachteten Objekt zu uns fließen und die Bilder zu uns fluten, wir also nur aufnehmen und nichts Aktives nach außen Gerichtetes hinzuzufügen brauchen. Wenn Sie die Übung gemacht haben, werden Sie bemerkt haben, dass sich die Qualität des Sehens wesentlich verändert. Man nimmt feiner Nuancen war, hat eine größere Tiefenschärfe, mehr Farbensehen einerseits, andererseits verändert sich unsere innere Verfassung. Man ist fokussierter, ruhiger, kann besser bei einem Gedanken bleiben.

Was geschieht, wenn man das Sehen weiter verfeinert? Wenn man versucht, eine Ebene hinter die real wahrnehmbare Welt zu kommen? Der berühmte Satz von Saint-Exupéry, »Man sieht nur mit dem Herzen gut«, ist eines der typischen Paradoxa, hinter denen sich viel Wahrheit verbirgt. Mit der nächsten Übung können Sie versuchen, sich dem etwas anzunähern.

**Übung: Achtsames Sehen** !

Suchen Sie sich wenn möglich einen schönen Baum (alternativ dazu ist auch eine Blume in einer Vase möglich) und nehmen Sie sich einige Minuten Zeit. Sie legen Ihren Blick auf den Baum, lassen das Licht zu sich strömen und stellen sich vor, dass das Bild in Sie hineinfließt. Sie tun aktiv nichts. Der Baum ist da und Sie brauchen nichts hinzuzufügen.
Im zweiten Schritt lösen Sie sich von jeder Zuschreibung von Bedeutung. Es sind Blätter da, Zweige, Äste, der Stamm. Aber schon diese Worte enthalten zu viel Bedeutung. Sie halten sich mental ganz zurück, geben keine Bezeichnung, der Baum allein ist es, worum es geht. Reine Wahrnehmung.

Der dritte Punkt ist Ihr einziger aktiver Teil des Prozesses. Sie sehen und empfinden sich als Zeuge, der beobachtet und, ohne Einfluss nehmen zu wollen, geschehen lässt.

! **Fallbeispiel: Feine Qualität des Sehens**

In der Zeit, in der dieses Buch entstand, verstarb mein 91-jähriger Vater. Als das Sprechen schon sehr mühsam und später gar nicht mehr ging, hatten seine Blicke eine besondere Qualität. Lange ruhte sein Blick auf einer Person im Kreise, die er zuvor mit den Augen sehr genau gesucht hatte. Es war eine intensive Kontaktaufnahme, durch die zwar keine Fakten mitgeteilt wurden, die aber ein intensives Erleben ausdrückte, eine starke Verbindung mit der angeschauten Person. Der Blick war offen, frei und intensiv und es war leicht, im Kontakt zu bleiben. Trotz der genauen Ausrichtung auf eine Person und der ungewöhnlich langen Verweildauer fühlte man sich überhaupt nicht bedrängt, sondern freute sich über diesen intensiven Austausch.

### 4.2.2 Achtsames Hören

*Wie ich merke, dass jemand mit mir spricht? An der Stimme.*
*Ich höre, auch im Stimmengewirr, wenn eine Stimme an mich gerichtet ist.*
Anna Schaller, 18 Jahre, von Geburt an blind

Hören ist nicht gleich Hören. Unsere Ohren können, wie man am Zitat der achtzehnjährigen Anna sieht, sehr genau differenzieren. Ebensolches kann man häufig bei einigen älteren Menschen beobachten. Eigentlich stark schwerhörig, werden sie manchmal bei wichtigen Gesprächsinhalten hellhörig und verstehen diese sogar, als würden sie Gedanken lesen können. Die Verfeinerung des Hörsinns über das direkte Hören hinaus scheint also tatsächlich zu funktionieren. Und mit dieser Qualität des Lauschens – einer Einstellung auf das Hören, die versucht, hinter den Worten die Emotionen und inneren Haltungen des Gesprächspartners zu erahnen – werden wir zum einen sehr viel mehr erfahren als beim normalen Hören und zum andern aber auch sehr viel genauer angepasst kommunizieren. Wir können es spüren, an welcher Stelle der Kommunikation eine hohe Intensität des Inhalts die Stimme mit besonderen Frequenzen zum Schwingen bringt. Wir können erspüren, wo die Stimme aufgrund eines innerlichen Rückzugs uninspirierter und matter klingt. Wir können es spüren, wenn starke Emotionen den Klang minimal modifizieren.

Elvira Muffler hat dies in ihrem Buch treffend formuliert: »Am Stimmklang erkennen wir auch, wenn das gesprochene Wort wohlwollend klingt, ob das Gesagte stimmt oder nicht. Wenn wir beispielsweise mit einer gut bekannten Person telefonieren und auf die Frage ›Wie geht es dir?‹ zu hören bekommen, dass alles gut sei, wissen wir intuitiv, ob das stimmt oder nicht. Das hängt damit zusammen, dass in unserer Sprachentwicklung die Laute vor den Worten entstanden sind und Mitteilungen inhaltlich am Stimmklang unterschieden werden mussten: ›Achtung, Säbelzahntiger im Busch!‹ oder ›Wie wäre es mit einem Mondscheinspaziergang?‹. Schon die alten Hebräer hielten den Kehlkopf für den Sitz der Seele, Stimme und Seele waren für sie eins.«[27]

Ähnlich der Übung zum achtsamen Sehen können wir auch unsere Hörfähigkeit mit der Lenkung unserer Aufmerksamkeit verfeinern. Wir ändern unsere innere Einstellung und Intention und das Ohr bekommt dadurch die Möglichkeit, feiner und genauer zu hören.

**Übung: Achtsames Hören** !

Bereiten Sie sich auf Ihr erstes gesprochenes Wort in einem Raum mit drei mentalen Übungsschritten vor. Üben Sie in einem leeren Saal oder einem akustisch gut schwingenden Raum.
Sie sammeln sich, nehmen sich selbst wahr, jeder auf seine Weise. Der eine nimmt die Atembewegung der Rippen wahr, der nächste die des Brustbeins, ein anderer verfolgt den Weg der Luft von der Nase bis in den untersten Lungenflügel, ein anderer spürt einen intensiven Kontakt über seine Fußsohlen zur Erde usw. Dabei haben Sie im Blick, dass Sie sich auf das Hören vorbereiten.
Im zweiten Schritt stellen Sie sich auf den Raum ein. Sie erforschen mit Ihren Ohren die sechs Begrenzungsflächen des Raums. Wenn Sie klatschen, wird es vermutlich zwischen vorderer und hinterer Wand ein Echo geben, ebenso zwischen rechter und linker Wand. Die Decke und der Fußboden können je nach Raumbeschaffenheit auch ein intensives Echo zurückwerfen oder aber, wenn Teppichboden und Schallisolierungen im Spiel sind, überhaupt keine klangliche Resonanz erzeugen.
Wenn Sie ein dem optischen Eindruck des Saals entsprechendes akustisches Bild in Ihrem Inneren geschaffen haben, bereiteten Sie sich auf den konkreten Klang vor, indem Sie das erste Wort voraushören. Angenommen, Sie wollen »Guten Tag« sagen, dann hören Sie so genau wie möglich voraus, wie das G einschwingen wird, um blitzschnell dem U Platz zu machen. Wie wird der Raum gefüllt sein, welches

27 Muffler 2015, S. 59.

Echo werden Sie wahrnehmen können, wird das G ein Echo erzeugen oder erst das U? Freuen Sie sich auf Ihren nächsten Vortrag, es wird spannend werden, wie Ihre Worte den Raum füllen werden. Sprechen Sie und erfreuen Sie sich dann an dem raumfüllenden Klang Ihrer Stimme!

## Exkurs: Blindes Sehen

*Wir sehen mit unserem Gehirn, nicht mit unseren Augen.*
*Wie ein Eindruck das Gehirn erreicht, ist dabei nicht wichtig.*
Paul Beach-y-Rita, amerikanischer Neurophysiologe
und Pionier für Neuroplastizität (1934–2006)

Im Dokumentarfilm »Imagine« des polnischen Regisseurs Andrzej Jakimowski aus dem Jahre 2012 lehrt der von Geburt an blinde Pädagoge Jan räumliches Sehen durch zurückgeworfene Schallwellen. Durch diese Qualität des Hörens ist es möglich, sich auch in der Großstadt ohne Blindenstock zu bewegen. Beeindruckend ist besonders die Szene, in der Jan für die ebenfalls blinde Eva neue Schuhe nach der Frequenz des Klack-Geräusches aussucht.

Von Blindeninitiativen wie *Anderes Sehen e. V.* oder *World Access for the Blind* wird die Unabhängigkeit der Blinden durch das sogenannte Klicksonar gefördert. Aus dem zurückfallenden Echo eines scharfen Zungenklicks (bis zu 2 Klicks pro Sekunde) erzeugt das Gehirn im Sehzentrum ein relativ differenziertes dreidimensionales Bild der Umgebung, genau wie bei einem Sehenden. Die Daten kommen von den Ohren, werden aber vom Sehzentrum verarbeitet (währenddessen werden akustische Ereignisse wie Sprache oder Musik völlig normal im Hörzentrum verarbeitet). Hiermit können Blinde bis zu 200 m weit »sehen«. Der Pionier der Klick-Methode, der kurz nach der Geburt erblindete Amerikaner Daniel Kish, sagt: »Ich glaube, die Echoortungs-Fähigkeit liegt latent in uns allen – da die frühen Menschen daran gewöhnt waren, als es noch keine künstliche Beleuchtung gab. Die neuronale Hardware scheint da zu sein und ich habe Möglichkeiten, es zu aktivieren, entwickelt. Das Sehen liegt nicht in den Augen, es liegt im Gehirn.«[28]

28 Kish 2011, vgl. Website Anderes Sehen e. V.; vgl. auch Doidge 2014.

**Beispiel: Die Zenlehrerin Lies Groening** !

Lies Groening hatte in den sechziger Jahren als erste westliche Frau eine Ausbildung in einem japanischen Zenkloster durchlaufen[29]. In ihren Seminaren zeigte sie eine ausgefeilte Arbeitsweise, die sehr viel mit geistiger Sammlung und intensiver Konzentration auf den Atem zu tun hatte. Ihre Anweisungen waren sehr speziell, stets sprach sie einzelne Teilnehmer an und gab ihnen konkrete Hinweise. Wir fühlten uns sehr genau gesehen und jeder profitierte enorm von ihrem individuell zugewandten Unterricht.
Sie war blind. Wie sie trotz ihrer Blindheit eine so genaue Wahrnehmung von jedem Einzelnen von uns haben konnte, war uns ein Mysterium.

Ohne physische Augen zu »sehen«, hat die Menschen schon in alten Zeiten fasziniert. In der griechischen Mythologie hat der erblindete Teiresias die Gabe des Sehers und seine Prophezeiungen galten als unfehlbar. Und auch wir heute kennen die Erfahrung, dass wir mit geschlossenen Augen einen besseren Zugang zu unserer Erinnerung und zu unserer Intuition haben. Zeugenbefragungen sollen bei geschlossenen Augen mehr und detailliertere Informationen liefern und Musiker musizieren mit geschlossenen Augen, um einen besseren Kontakt zu ihren musikalischen Impulsen zu haben. Auch im Business wird die Arbeit mit geschlossenen Augen bzw. in der Dunkelheit eingesetzt:

**Fallbeispiel: Verstärkung der Sinne im Dunkeln** !

»Im Dunkeln ist gut – denken«, sagt Michael Lück von Lichtlos – Erfolgsfaktor Dunkelheit[30]. Er lässt Menschen in absoluter Dunkelheit denken, reden und planen. Seine Idee leuchtet (!) ein. Denn wenn das Sehen nicht mehr zur Verfügung steht, werden die anderen Sinne aktiver. Gehen Sie selbst doch einmal im absoluten Dunkel oder mit geschlossenen Augen durch Ihre Wohnung. Wie aktiv sind dann plötzlich Ihre Hände, Ihre Füße, aber auch Ihre Ohren. Lück hat beobachtet, dass trainiertes Auftreten, angelernte Gestik und Mimik und sorgsam gestyltes Äußeres im Dunkeln nicht wirken können. Deshalb empfiehlt er Personalern, ihre Kandidaten auch einmal im Dunkeln zu durchleuchten. Auch Entscheidungsprozesse, Besprechungen und Meetings bekommen in der Dunkelheit, so Lück, eine neue Dimension, man entscheidet buchstäblich mit »Kopf und Bauch«, ohne jedoch den Überblick zu verlieren.

29 Groening 1983.
30 Vgl. www.licht-los.de.

### 4.2.3 Achtsames Riechen

*Eine Stunde ist nicht nur eine Stunde; sie ist ein mit Düften, mit Tönen, mit Plänen und Klimaten angefülltes Gefäß.*
Marcel Proust, französischer Schriftsteller (1871–1922)

»Das Riechen bringt uns unmittelbar mit unseren Gefühlen und inneren Bildern in Kontakt.«[31] Den meisten von uns ist dies sehr bewusst. Ein feiner Duft vermag uns trotz seiner Flüchtigkeit ganz tief zu berühren, denken wir an die erste Rose in einem Frühlingsgarten oder ein zartes Parfum. »Mit dem Riechen sind Inspiration, Begeisterung, Wiedererkennen, Gefühle, Bindung, soziales Verhalten, Sexualität, Heimatgefühl, Schöpferkraft, Zugehörigkeit und Lebensfreude verbunden.«[32] Sobald wir uns dem feinen Riechen hingeben, mit Offenheit und Gelöstheit, tauchen wir in eine andere Welt ein, bekommen einen direkten Zugang zu unserem Potenzial und zu unserer Kreativität. Und zu unserer Menschlichkeit. Sonnenschmidt beschreibt, dass durch diesen Vorgang das Gefühl von geistiger Gemeinschaft und von Toleranz fürs Anderssein (»den Anderen riechen können«) wächst[33].

Und es tritt noch etwas ein. Ich habe in meinen Seminaren beobachten können, dass sich bei den Übungen zum Riechen die Raumenergie am stärksten verändert, erheblich mehr als beim Sehen und Hören, was Sonnenschmidt auch bestätigt. Man erlebt Sammlung und Konzentration, eine dichte energievolle Stille, es wird deutlich wahrnehmbar lebendiger und inspirierender.

! **Fallbeispiel: Riechen und Gute Laune**

Plötzlich ist er da, der Herbst-Blues. Trübes Licht. Die Blätter der Eschen sind schon dunkelbraun, leichtes Frösteln, obwohl gut geheizt ist. Man sitzt vor seinem Vortragstext, der Kopf zieht runter und man gerät immer tiefer hinein in eine erste leichte Herbstdepression.
Hier kann man das achtsame Riechen einsetzen: Man setzt sich etwas aufrechter hin, nimmt ruhig und genussvoll drei tiefe Atemzüge und versucht dabei herauszufinden, wonach es riecht. Richtig, gestern hatte man ein Räucherstäbchen

31 Sonnenschmidt 2011, S. 141.
32 Ebda.
33 Ebda.

verbrannt. Anschließend geht man in den Nebenraum und versucht dort das Gleiche, schließlich identifiziert man in der Küche die Reste des morgendlichen Kaffeeduftes. Ein Blick aus dem Fenster zeigt die verschiedenen Verfärbungen der Blätter. Dunkelgrün die Nadelbäume, ein zartes Grün der Obstbäume, die Linden schon gelblich, der Ahorn richtig gelb und die Eschenblätter teilweise braun und zusammengerollt. Welch Farbenpracht trotz des trüben Wetters! Und durch das Öffnen des Fensters kann man einen tiefen Atemzug der hereinströmenden Außenluft nehmen, die einen herbstlichen Duft in die Wohnung bringt. Erstaunlich, die Laune wird gleich viel besser, nichts mehr vom Herbst-Blues. Die bewusste Aktivierung des Riechsinns und die Wahrnehmung der verschiedenen Düfte haben ihn vertrieben. Aufgemuntert setzt man sich wieder an den Schreibtisch und die letzten Vorbereitungen für die am Abend stattfindende Rede laufen wie geschmiert.

### 4.2.4 Achtsames Spüren

Sie betreten einen Raum und merken sofort, was dort für eine Stimmung ist. In Bruchteilen von Sekunden haben Sie erfasst, ob gute Stimmung herrscht oder gedrückte, ob die Menschen fröhlich sind oder zerknirscht. Oder Sie fahren in einem Fahrstuhl oder einer dicht besetzten U-Bahn – den meisten von uns ist es unangenehm, wenn einem die Menschen zu dicht auf die Pelle rücken. Oder Sie stehen am Supermarkt an der Kasse und Ihr Hintermann fährt unangenehm dicht mit seinem Einkaufswagen zu Ihnen heran und legt seine Sachen zu eng neben Ihren auf das Band. Oder Sie sitzen bei einem Vortrag in der ersten Reihe und der Redner erdrückt Sie fast, da er ständig zu dicht herankommt bzw. umgekehrt: Ein Zuhörer kommt nach Ihrem Vortrag auf Sie zu, um Ihnen seine Begeisterung für Ihr Thema auszusprechen, und rückt unangenehm heran. Das alles ist Realität in unserem Alltag und wir können hierbei registrieren, dass wir eine sehr genaue Wahrnehmung haben für Atmosphärisches, das sich nicht an Äußerem festmachen lässt, und für die Unterschreitung unserer Wohlfühldistanz. Wenn diese Fähigkeit zum Spüren, die wir bisher nur anhand von Negativbeispielen betrachtet haben, uns gegeben ist, dann steht sie uns auch zur Verfügung, um unsere Umgebung aktiv und von uns ausgehend wahrzunehmen.

Sie arbeiten auch hier wieder daran, Ihre Wahrnehmung für sich selbst zu verfeinern und zu differenzieren – als Voraussetzung dafür, dass Sie Ihre Umgebung und die Menschen genauer wahrnehmen und das von ihnen Ausgehende empfinden können. Nachfolgend finden Sie Übungen, die den Zweck haben, Ihre Wahrnehmung hinsichtlich des Spürens zu verfeinern.

!

**Übung: Raum zwischen den Händen**

Diese Übung machen Sie für sich allein. Es geht darum, die fühlende Wahrnehmung der Hände ohne direkten Kontakt zu einem anderen Gegenstand zu erforschen, eine Fähigkeit, die Sie nicht nur beim Prüfen der Temperatur einer heißen Herdplatte brauchen können.

Reiben Sie Ihre Handflächen mit mäßigem Druck relativ schnell aneinander, bis Sie eine deutliche Wärmeentwicklung spüren. Vermutlich werden Sie etwa 20–40 Reibebewegungen benötigen. Dann entfernen Sie die Hände etwas voneinander, sodass ca. 5cm Platz zwischen ihnen ist. Versuchen Sie zu spüren, ob etwas zwischen den Händen ist.

Vermutlich werden Sie einen Schwamm oder ähnliches fühlen. Sie können diesen Schwamm sehr langsam zusammendrücken (ohne dass sich die Hände berühren), Sie können die Hände wieder voneinander entfernen, aber nur soweit, wie dieses Gefühl der Verbundenheit zwischen den Händen bleibt. Forschen Sie mit kleinsten Bewegungen, lassen Sie die Hände langsam ein wenig zusammengehen, ein wenig wieder voneinander entfernen, anfangs nicht mehr Bewegungsspielraum als eine Fingerbreite. Wenn Sie sich einigermaßen sicher fühlen, entfernen Sie die Hände langsam weiter voneinander. Wenn der Kontakt beginnt abzureißen, führen Sie sie wieder zusammen, aber immer ohne eine direkte Berührung. Sie werden merken, dass Sie die Distanz langsam ausweiten können, bis Sie schließlich auf Schulterbreite angelangt sind. Sie können, wenn die Verbindung bleibt, die Entfernung vergrößern, bis Sie die volle Armlänge auf beiden Seiten erreicht haben.

Spielen Sie weiter, indem Sie sich vorstellen, dass zwischen Ihren Händen eine Art dicker Strahl existiert. Wenn Sie die Handflächen jetzt langsam nach oben drehen, würde aus dieser direkten Verbindung ein Bogen werden, Sie können also Ihren Strahl modifizieren. Wenn Sie jetzt die Hände wieder weiter auseinandernehmen, können Sie je nach Neigung Ihrer Handflächen in Ihrer Vorstellung einen steilen oder einen flachen Bogen erzeugen.

Verzweifeln Sie nicht, wenn die geschilderten Empfindungen nicht sofort eintreten. Es genügt schon, wenn Sie dieses erste Gefühl von Watte in einer Entfernung der Hände von ca. 5cm wahrnehmen. Wenn Sie die Übung häufiger wiederholen, werden Sie in kürzester Zeit die geschilderten Phänomene empfinden können.

!

**Übung: Raum zwischen Menschen**

Für diese Übung benötigen Sie drei Akteure und nach Möglichkeit einige Menschen als Beobachter. Die Übung hat zwei Phasen, in denen alle Akteure und das Publikum genau ihre Wahrnehmung beobachten und hinterher vergleichen. In beiden Phasen stehen sich zwei Akteure frontal gegenüber (etwa im Abstand von zwei Armlängen) und die dritte Person geht langsam zwischen ihnen durch.

**Erste Phase**

Die beiden Gegenüberstehenden nehmen intensiv Blickkontakt auf, erfreuen sich am Gegenüber, an seinem Gesicht, seinem Schmuck, seiner Frisur, seiner Kleidung, seinem Lächeln. Die dritte Person stellt sich in ca. 2m Entfernung auf, sammelt sich im Hinblick auf das Spüren und geht langsam zwischen den beiden Personen durch. Die ersten beiden bleiben in der intensiven freundlichen Verbindung, während die dritte Person durchschreitet. Alle drei Akteure und das Auditorium versuchen haargenau wahrzunehmen, was sie in dem Moment des Durchschreitens empfunden haben, und merken sich die Wahrnehmung.

**Zweite Phase**

Die beiden Gegenüberstehenden entfernen sich innerlich voneinander. Sie haben jetzt keinen Kontakt mehr, wissen nicht, wie die andere Person im Detail aussieht, vermeiden jeden Blickkontakt und jedes Wahrnehmen des Gegenübers. Die dritte Person wartet im Abstand von einigen Metern, bis sie sich wieder gesammelt hat und von den beiden anderen Akteuren Ruhe und Konzentration ausgeht. Dann schreitet sie wieder zwischen den beiden durch. Wieder werden die Wahrnehmungen sehr genau beobachtet und memoriert.

**Abschlussphase**

Jetzt schildern die drei Akteure und die Beobachter ihre Wahrnehmungen und vergleichen die erste und die zweite Phase miteinander. Vermutlich werden große Unterschiede zwischen den beiden Phasen geschildert werden. Der dritte Akteur, der durchschreitet, wird möglicherweise empfunden haben, dass es viel einfacher ist, zwischen Personen durchzugehen, die keine Verbindung haben. Die beiden Gegenüberstehenden werden möglicherweise bemerkt haben, dass die durchschreitende Person beim zweiten Mal einen viel entspannteren Gesichtsausdruck hatte und müheloser die Aufgabe bewältigen konnte.

Diese Übung ist ein gutes Beispiel dafür, wie viel Einfluss unsere innere Einstellung auf die Empfindungen von Menschen haben kann, die uns körperlich nahekommen. Spaßeshalber können Sie das auch noch einmal ganz direkt ausprobieren, indem Sie sich einmal einer Person mit der Einstellung nähern, sie zu schätzen und gern zu haben, das zweite Mal mit einem Gefühl der inneren Ablehnung. Dabei sollten Gesicht und Körpersprache möglichst neutral bleiben (was sehr schwer ist, da sich wie bereits beschrieben im Außen das zeigt, was im Inneren lebt).

! **Fallbeispiel: Energie zwischen Menschen**

In einer Schulung für Restaurant-Servicepersonal: Der »Nörgelgast« sitzt am Tisch, mit ausgestreckten Beinen, liest lässig in der Karte. Der junge Kellner kommt und fragt nach seinen Wünschen. Der Gast fängt sofort an, zu nörgeln, Dinge zu bemäkeln, Forderungen zu stellen usw. Die Servicekraft weicht drei Schritte zurück, bleibt sehr freundlich und nimmt professionell zugewandt die Bestellung auf. In der Nachbesprechung war der junge Mann höchst überrascht, als er erfuhr, dass er drei Schritte zurückgewichen war. Er hatte dies nicht bemerkt, für uns Beobachtende war es äußerst prägnant gewesen.

## 4.3 Augen und Gehirn

*Erst das Auge erschafft die Welt*
Christian Morgenstern, deutscher Schriftsteller (1871–1914)

Auch zwischen Gehirn und Augen gibt es in beide Richtungen eine lebendige Wechselbeziehung. Das Auge übermittelt an das Gehirn Signale, die zu Bildern verarbeitet werden, andererseits scheint es aber auch so zu sein, dass das Gehirn den Augen vorgibt, was sie zu sehen haben. Wir kennen alle die Erfahrung, wie schon oben erwähnt, dass sich unsere Aufmerksamkeit auf bestimmte Objekte fokussieren kann, je nachdem, wofür wir uns gerade interessieren. Die eine sieht ein wunderschönes Tal im Gebirge, mit sanft abfallenden Wiesen voller Blumen, der andere sieht unten am Steg des Sees ein kleines rotes Boot liegen, was der ersten Person gar nicht auffällt. Diese Differenz schreibe ich unserer Aufmerksamkeit zu.

Es scheint aber noch ein grundsätzlicheres Phänomen zu geben, das in dem Film »What the Bleeb do we (k)now/Ich weiß, dass ich nichts weiß« aus dem Jahre 2004 erwähnt wird. Dort wird geschildert, dass die karibischen Ureinwohner die ankommenden Schiffe von Kolumbus nicht gesehen hätten, da ihr Erfahrungshintergrund solche Objekte in der Größe nicht enthielt. Ob es sich tatsächlich so zugetragen hat, können wir heute nicht mehr überprüfen. Geradezu elektrisierend finde ich aber den dahinterstehenden Gedanken, dass das Auge nur das sehen kann, was das Gehirn ihm erlaubt zu sehen, »dass wir nur sehen und erkennen, was wir meinen zu sehen«[34]. Von 400 Milliarden Reizen pro Sekunde sind uns nur 2000 bewusst[35]. Ist das nicht interessant? Das bedeutet doch, dass unser Gehirn eine Auswahl trifft und entscheidet, welcher dieser Reize bis in unser Bewusstsein durchdringen darf. Vermutlich spielen bei dieser Auswahl die bisherigen Erfahrungen des Menschen eine entscheidende Rolle. Manchmal dringen auch offensichtliche und deutlich sichtbare Dinge nicht in unser Bewusstsein vor, weil das Gehirn mit anderen Dingen beschäftigt ist und zusätzliche Reize ausblendet. In der sogenannten Gorilla-Studie der Psychologen Christopher Chabris und Daniel Simons wurde sogar ein schwarzer Gorilla übersehen, der sich zwischen Basketballspieler gemischt hatte[36].

Im Film wird noch eine zweite interessante Forschung zitiert. Das Gehirn reagiert auf tatsächliche optische Reize in gleicher Weise wie bei Reizen, die man sich mit geschlossenen Augen vorstellt. Ob wir ein Objekt wirklich sehen oder ob wir uns nur vorstellen, dieses Objekt zu sehen, ist dem Gehirn egal, es entfaltet die gleiche Aktivität (vgl. auch den Exkurs *Blindes Sehen* in Kap. 4.2.2).

Wenn wir diese Forschungsergebnisse direkt in die Praxis übertragen, dann müsste es bereits reichen, sich ein freundliches, zugewandtes Publikum vorzustellen, da das Gehirn dieses mehr oder weniger so realisiert. Durch diese Vorstellung nehmen unsere physischen Augen dann im Saal vorwiegend die freundlichen zugewandten Menschen wahr, was uns zusätzlich positiv bestärkt. Die innere Einstellung bestimmt das, was wir wahrnehmen, und andererseits auch das, was wir über Augen und Körper ausstrahlen. Oder in den Worten von Stefan Spies: »Indem Sie eine … Situation anders ›denken‹ oder ›fühlen‹, verändert sich Ihre innere Haltung und damit Ihre Körpersprache.«[37]

In den folgenden Abschnitten finden Sie nähere Informationen zu den vorgestellten Denkweisen und können sich selber in den vorgeschlagenen Übungen erforschen. Der Hintergrund ist neben allem Spielerischen ein sehr ernst-

34 Sonnenschmidt 2011, S. 140
35 Vgl. What the Bleeb do we know.
36 Vgl. Herrmann 2015.
37 Spieß 2010, S. 25.

hafter. Unsere Augen sind unser wichtigstes Organ zur Orientierung in der heutigen Welt. Sie lassen sich aber, wie Sonnenschmidt bemerkt, auch sehr leicht täuschen[38]. Je mehr wir über die Funktion unserer Augen und des Gehirns wissen, umso souveräner können wir mit dieser Unsicherheit umgehen.

### 4.3.1 Vexierbild und ganzheitliches Denken

Zuerst einmal schauen wir darauf, wie unsere Gehirnstruktur unseren Sehvorgang beeinflusst. Unser Tagesbewusstsein ist offensichtlich dual eingerichtet. Sehr erhellend finde ich diesbezüglich den Umgang mit Vexierbildern. Beim ersten Hinsehen glauben wir zwei Gesichter zu sehen, andere Menschen sehen eine Vase. »Wir sehen nur, was unserem Bewusstsein entspricht. Es gibt somit keine Objektivität.«[39] Unser Gehirn braucht einige mentale Kraft, um zwischen den beiden Darstellungen hin und her zu wechseln. Es kann nur eines der beiden Bilder zurzeit sehen, es funktioniert auf dem Prinzip Entweder-Oder, Ja oder Nein, Schwarz oder Weiß. Dies können wir beeinflussen, indem wir Übungen machen, die die Kommunikation zwischen den beiden Gehirnhälften verbessern[40]. Die Zwischenfarben sind bei fast allen Menschen im normalen Alltagsbewusstsein nicht enthalten, können aber in meditativen oder künstlerischen Bewusstseinszuständen erreicht werden. Kürzlich waren in einem Seminar fast alle Teilnehmer zu ihrem eigenen Erstaunen in der Lage, zeitgleich beide Bilder zu sehen.

Was haben diese Gedankengänge mit Kommunikation zu tun? Richtig, zuerst einmal gar nichts. Bei genauerem Hinsehen zeigt sich aber, dass wir hier einen möglichen Entwicklungsweg angezeigt bekommen. Denn in gelingender Kommunikation brauchen wir Intellekt und Emotion, Fakten und Gefühle. Und zwar nicht als Entweder-Oder, sondern als Sowohl-als-Auch, als miteinander in Wechselbeziehung stehend und idealerweise zeitgleich empfunden. Es könnte zum Beispiel das Ziel sein, ein lebendiges Schwingen zwischen der rationalen Verarbeitung des Gesehenen und den durch das Gesehene ausgelösten Gefühlen anzustreben. Wir bekommen dadurch ständig

38 Vgl. Sonnenschmidt 2011, S. 110.
39 Sonnenschmidt 2011, S. 140.
40 Vgl. Hoffmann 2015, S. 99 und 180.

Informationen sowohl auf der intellektuellen als auch auf der emotionalen Ebene. Unser Gehirn verarbeitet mit seinen logischen Strukturen die Informationen, unsere Gefühle treten in Resonanz mit unserem emotionalen Erfahrungsschatz.

Hannaford beschreibt es folgendermaßen: »Je besser uns der Zugang zu beiden Gehirnhälften gelingt, desto intelligenter können wir handeln. Wir müssen bei allem, was wir tun, beide Hirnhälften einsetzen, um wirklich gute Leistungen zu erbringen. Kreativität beispielsweise ist nicht ausschließlich eine Funktion der Gestalt-Hälfte. Kreativität ist ein ganzheitlicher Prozess, für den die Technik und die Details aus der logischen Hälfte und die Bilder, der Flow und die Emotionen aus der Gestalt-Hälfte nötig sind. Genauso brauchen wir für flüssiges Sprechen die Wörter und die richtigen Satzstrukturen der linken und die Bilder, Emotionen und die Dialektfärbung der rechten Hälfte. Durch diese Integration werden flüssiges Lesen und Schreiben und auch tieferes Verständnis und Kreativität möglich.«[41] Die Integration beider Gehirnhälften können Sie leicht mit Überkreuzbewegungen unterstützen, wie sie z. B. ein Kleinkind beim Krabbeln macht[42].

Dies weist in eine Zukunft, in der Rationales und Emotionales einschließlich unserer inneren Stimme gleichgewichtig unser Tun bestimmen dürfen. Ist es nicht anzustreben, dass zukünftige Handlungskonzepte sowohl auf einer messerscharfen und intellektuell brillanten Analyse (worin wir Meister sind) einerseits und einer präzisen Wahrnehmung unserer eigenen Empfindungen und Bedürfnisse (worin wir uns noch weiterentwickeln dürfen) andererseits beruhen?

Dieses nichtduale und im wahrsten Sinne des Wortes ganzheitliche Denken und Sehen wird Ihnen dazu verhelfen, die Vortragssituation und Ihre Zuhörer mit zweierlei Augen zu sehen: Analytisch gesehen geht es darum, diesen Menschen Ihr Thema bzw. Ihre Botschaft auf sachlicher Ebene näherzubringen, emotional gesehen können Sie sich die Zuhörerschaft als wohlwollende Gemeinschaft vorstellen, mit der Sie einen Moment lang das Lernen leben.

41 Hannaford 1996, S. 95.
42 Ebda., S. 144.

### 4.3.2 Defokussierter Blick

*Wenn ich Menschen begegne, schaue ich nicht mit einem fokussierten Blick, nicht durch einen Tunnel. Mein Sichtfeld ist weiter, gedehnter.*
Verena Müller – Aus der Stille, Lyrikerin

Der Begriff »defokussierter Blick« beschreibt nicht ganz präzise, was tatsächlich stattfindet. Dieser Blick ist nicht generell unfokussiert, sondern er fokussiert die Unendlichkeit. Es gibt auch den träumerischen Blick, der mehr nach innen gerichtet ist und im Außen überhaupt keinen Bezugspunkt mehr hat, nichts mehr aufnimmt. An dieser Stelle ist die Sehweise gemeint, mit der Objekte und Personen im Vordergrund relativ unscharf gesehen werden, wobei der Blick durch seine Fokussierung im Unendlichen eine klare Richtung und Intention hat. Mit ihm »sieht« man andere Dinge und Eigenschaften als beim fokussierten Blick. Wir kennen dieses Phänomen von Fotos und natürlich auch aus Filmen. Ein bestimmter Bereich des Bildes wird sehr scharf dargestellt, andere Bereiche verschwimmen. Dadurch wird neben einer klaren Strukturierung Vordergrund – Hintergrund (oder vielleicht besser Nebengrund?) auch etwas in der Emotion erreicht. Wenn auf einem schwarzweißen Hochzeitsfoto die auf dem Rücken des von hinten aufgenommenen Bräutigams liegende Hand der Braut das einzige scharfe ist und Hinterkopf des Bräutigams und insbesondere das Gesicht der Braut eine leichte Unschärfe aufweisen, entsteht dadurch beim Betrachter eine bestimmte Emotion. Finden Sie ähnlich mehrdeutige Bilder und lassen Sie sie auf sich wirken. Wir können einerseits mit unserem Verstand darüber nachdenken, was die Bedeutung sein könnte, ich möchte Sie aber dazu ermutigen, Ihr Gefühl zu befragen, was es in Ihnen auslöst.

Wenn Sie nun einen Menschen anschauen, Ihren Blick aber neben dem Kopf in der Unendlichkeit fokussieren, werden Sie eine ganzheitlichere und vor allem eine viel emotionalere Wahrnehmung der Person haben, als wenn Sie sie direkt anschauen. Umgekehrt gesprochen, Sie ermöglichen Ihren Emotionen eine direkte Reaktion auf das von der Person Ausgehende. Dadurch gewinnen Sie, wie Sie sich leicht vergewissern können, eine ganze Reihe von Informationen, die Sie ohne diesen Blick nicht haben könnten. Die Befragung des eigenen Gefühls zu Ereignissen und Personen, darauf hatte ich schon mehrfach hingewiesen, ist eine wesentliche Quelle für Informationen und eine wichtige Voraussetzung für weitere Handlungen, die in Übereinstimmung mit dem eigenen Wesen sind.

Vermutlich wird, wenn Sie mit diesem defokussierten bzw. in der Unendlichkeit fokussierten Blick eine Person anschauen, mit Ihnen noch etwas geschehen. Ähnlich wie bei dem Betrachten der Blume (siehe Kapitel 4.1.1) wird diese Blickqualität auf Sie selber zurückwirken. Sie werden vermutlich empfinden, dass Sie ruhiger werden, dass sich sogar möglicherweise die Atmosphäre im Raum ändert. Obwohl Sie aktiv in die Unendlichkeit schauen, wird Ihr Auge Ihr Umfeld zugleich passiv und auch intensiver aufnehmen. Die Beruhigung Ihres gesamten Systems wird es Ihnen leichter machen, mit Ihren Gefühlen bezüglich der Zuhörer in Kontakt zu treten bzw. diese wahrzunehmen: »Die Technik des defokussierten Sehens erweitert das visuelle Wahrnehmungsfeld. ... [Man] kann dadurch mehr unwillkürliche ... Körperreaktionen ... wahrnehmen, wie zum Beispiel eine veränderte Körperhaltung.«[43]

**Übung: Defokussierter Blick** !

Die Übung gelingt am besten, wenn Sie bei einer klaren, nicht zu hellen Beleuchtung (Tageslicht oder elektrisches Licht) eine Person in einigen Metern Abstand vor einer einfarbigen hellen Wand oder einem grauen Hintergrund wie dem Wolkenhimmel o.ä. anschauen können. Wenn Sie nun direkt neben der Schulter oder dem Kopf der Person Ihre Augen in der Unendlichkeit fokussieren (die Wand sollte deshalb möglichst einfarbig und ohne viel Struktur sein, damit das Auge nicht an ihr festhält; der Himmel keine Wolkenbewegungen enthalten), werden Sie beobachten, dass die Person in Ihrem Blick etwas unscharf erscheint. Beobachten Sie, welche anderen Informationen, möglicherweise völlig unerwartete und neue, Sie jetzt von der Person aufnehmen. Die Herausforderung besteht darin, den Blick in der Unendlichkeit zu belassen und nicht zur Person zu schwenken. Das bedarf einiger Übung.
Die Aufgabe der Übung ist es, wahrzunehmen, wie dieser veränderte Blick Ihnen andere Informationen, insbesondere emotionale, zu der angeschauten Person ermöglicht.

43 Muffler 2015, S. 63.

### 4.3.3 Peripheres Beobachten

Unter peripheres Beobachten versteht man eine bestimmte Einstellung des Blicks. Wir blicken nicht auf unseren Gesprächspartner, sondern wenden die Aufmerksamkeit einem Ort daneben zu, sodass wir unseren Gesprächspartner aus den Augenwinkeln sehen. Wir sehen auf diese Weise sicherlich einige Details nicht, wie die Farbe seiner Augen oder einzelne Haare, aber wir bekommen Wesentliches mit, wie Gesten und Körperbewegungen. Diese geben uns ganz andere Informationen als der direkte Blick auf die Person. Aufgrund von physiologischen Gegebenheiten ist die Abtastfrequenz in diesen Randbereichen des Sehfelds mehr als zwanzigmal höher als in dem mittleren Bereich, in dem wir scharf sehen können.

Sie werden vermutlich feststellen, dass die Augen sehr gut feine Bewegungen am Rande des Blickfeldes aufnehmen können. Das mag deshalb so sein, damit wir frühzeitig von der Seite her drohende Gefahren wahrnehmen können. Pferden, die im Stadtverkehr Kutschen ziehen, setzt man Scheuklappen auf, damit dieses Warnsystem abgeschwächt wird. Sie können also sicher sein, dass Sie auch dann mit Ihrem Publikum im Kontakt sind, wenn Sie einmal Ihre Augen nicht direkt bei den Zuhörern haben. Denn das geschieht naturgemäß in einem Vortrag, Sie lassen Ihren Blick schweifen, sind mit Ihren Augen auch mal bei einem interessanten Objekt im Saal oder hinten an der Wand. Insbesondere, wenn Sie Ihre Augen, wie im Kapitel 8.6.1 vorgeschlagen, auf einen schwarzen Punkt ausrichten, dürfen Sie darauf vertrauen, dass Sie die Reaktionen Ihres Publikums mitbekommen.

# 5 Selbstfürsorge – sich selbst in die Hand nehmen

*Das Leben handelt nicht von der Selbstfindung.*
*Es handelt von der Selbsterschaffung.*
George Bernard Shaw

»Most people don't form a self and then lead a life. They are called by a problem, and the self is constructed gradually by their calling«[44] – der Gedanke, dass wir an unseren (selbstgewählten) Aufgaben wachsen und in diesem Wachstumsprozess unser Wesen und unseren Charakter formen, ist sicherlich nicht von der Hand zu weisen. Und entspricht den Erfahrungen, die viele von uns gemacht haben.

Dieses Learning-by-doing kann man unterstützen. Und darum soll es auf den nächsten Seiten gehen. Sie werden erfahren, wie Sie im Wechselspiel von intellektuellem Verständnis und emotionalem Nachvollziehen eine neue differenziertere Art finden werden, zu kommunizieren. Die Darstellung der theoretischen Hintergründe weitet Ihre verstandesmäßige Sichtweise, die Übungen zur emotionalen Integration der Schritte verhelfen Ihnen dazu, diese in Ihrer Erfahrung zu verankern. Denn nur, wenn diese Dinge in der Erfahrung verankert und zur zweiten Natur geworden sind, stehen sie in Belastungs- und Stresssituationen zur Verfügung.

## 5.1 Erforschung des kommunikativen Innenlebens

Wahrnehmung, Empathie, Achtsamkeit, Selbstwahrnehmung, Fremdwahrnehmung, Präsenz usw. – wir werden geradezu überschüttet mit Literatur und mit Aufforderungen, etwas für uns und für unsere Soft Skills zu tun. Eine Modeerscheinung. Aber es ist auch etwas Wahres daran. In unserem Zusammenhang ist dieses Thema geradezu spannend, denn es geht um die

44 Brooks 2011.

mehrdimensionale Qualität der Wahrnehmung und des Einfühlungsvermögens. Auf den ersten Blick ist sofort klar, dass eine erhöhte Aufmerksamkeitsspanne mehr Informationen über unsere Umwelt, die Menschen und Ereignisse, liefert. Ein zweiter Aspekt ist aber in meinen Augen noch interessanter, denn er betrifft das Wechselspiel zwischen mir und der Welt. Mit geschärften Sinnen (vgl. Kap. 4) werde ich mich selber genauer wahrnehmen und damit fokussierter sein und mehr in mir ruhen. Dies schafft mir die Möglichkeit, die von außen auf mich zukommenden Informationen über Ereignisse, Situationen und Personen sehr viel differenzierter zu verarbeiten. Meine Neugier ist größer, die Verführung zu Ablehnung und Verurteilung ist kleiner geworden.

Es geht aber noch einen Schritt weiter. Wenn ich auch die Wahrnehmung für die Informationsverarbeitung und meine Gefühle verfeinert habe, kann ich beobachten, welche Emotionen von den Ereignissen außerhalb von mir ausgelöst werden, ohne zwangsläufig darauf sofort reagieren zu müssen. Diese mehrschichtige Differenzierung der Wahrnehmung erlaubt es mir, sehr viel präziser und angemessener in der Welt zu agieren. Zu dieser Verfeinerung der Wahrnehmung möchte ich Sie ermuntern.

*Wirkliche Freiheit ist die Fähigkeit, zwischen Reiz und Reaktion*
*zu verharren und während dieses Innehaltens*
*die Reaktion selber zu bestimmen.*
Rollo May, US-amerikanischer Psychologe (1909–1994)

Worte, Bilder, Klänge, Informationen, Gefühlseindrücke, emotionale Reaktionen, all dies flutet in unser Denk- und Empfindungssystem hinein. Und will wahrgenommen und verarbeitet werden. Wenn auch die Sinneswahrnehmung feiner und umfassender ist, wenn wir uns den Vorgang aufnehmend passiv vorstellen, so braucht der Umgang mit den Informationen doch eine gewisse Aufmerksamkeit und Aktivität. Auch hier gibt es, wie wir schon gesehen haben, Wechselwirkungen. Achtsamkeit verbessert die Genauigkeit der Sinneswahrnehmungen, das eigene Interesse verfeinert die Aufmerksamkeit (Familiengründer sehen vermehrt junge Familien mit Kindern, Autofans rote Ferraris). Wie gehe ich aber mit Informationen um, die mich beunruhigen, die ich möglicherweise gar nicht haben will? Wie halte ich mich neutral bei ungerechtfertigten Anschuldigungen, wie schütze ich mich vor einem Angriff?

Der hier dargestellte Weg in sieben Schritten hat sich in der Praxis als gangbar erwiesen[45]. In den einzelnen Schritten werden Verstand und Gefühl angesprochen, denn es braucht beides: ein durch Denken erworbenes intellektuelles Verständnis und eine Erweiterung unseres Erfahrungsschatzes durch Integration der Erkenntnisse in unsere Emotionen. Beispielsweise nützt es einem Menschen mit Lampenfieber nichts, wenn ich ihm sage, er solle kein Lampenfieber haben. Erstens weiß er das selber und zweitens hilft ihm eine solche willensmäßige vermeintliche Hilfestellung nicht. Nützen kann ihm nur, sich seiner Auftrittsangst zu stellen und einen Umgang damit zu finden, der auch unter Stress belastbar ist. Dabei können die Übungen in diesem Kapitel helfen.

Bei der Arbeit an den sieben Schritten werden wir jeweils zwei Aspekte im Auge haben: Informationen, Wahrnehmungen und Empfindungen kommen in unser System, lösen dort etwas aus und werden berücksichtigt bzw. verarbeitet. Davon beeinflusst agieren wir wieder in und mit der Außenwelt, ein Regelkreis.

### 5.1.1 Bei sich sein statt sich (übermäßig) zu identifizieren

Sicherlich kennt jeder von Ihnen mindestens eine Person, die sich auf übertriebene und bisweilen unangenehme Weise mit ihrer Rolle im Beruf oder in der Öffentlichkeit identifiziert. Vermutlich ist diese Person nicht besonders beliebt, möglicherweise aber beruflich erfolgreich. Vermutlich macht eine solche Person grundsätzlich nichts falsch, sie übertreibt nur. Vielleicht führen Ehrgeiz und großes Engagement dazu, dass sie sich mit ihrer Rolle oder Aufgabe so übertrieben identifiziert? Bei einem Redner kann dies dazu führen, dass er nur seine Rolle im Blick hat und der Zuhörer zur Staffage wird.

Was wir dann beobachten, ist eine eingeschränkte und nicht ganz freie Kommunikation, letztlich ein nicht offener Kontakt zum Gesprächspartner. Wie kann ich die Kommunikation verbessern? Was geschieht durch diese übertriebene Identifikation?

45 Vgl. Hoffmann 2015, S. 69 f.

! **Übung: Übertriebene Identifikation**

Idealerweise machen Sie die Übung in einer Gruppe, dann bekommen Sie sofort eine Rückmeldung. Erforschen Sie zuerst, welche innere Einstellung Sie brauchen, um die beiden folgenden Sätze jeweils auszusprechen:

- »Ich bin der Dozent für Thema ...«
  oder
- »Ich bin heute hier, um mit Ihnen Lösungen für die Fragestellung ... zu erarbeiten.«

Wenn Sie sich gedanklich in die jeweilig passende Einstellung zum Satzinhalt begeben und die Sätze einzeln laut aussprechen, werden Sie beobachten, dass Ihr Stimmklang unterschiedlich ist, möglicherweise auch Ihre Körperhaltung. Befragen Sie die Gruppe: »Wie unterscheidet sich der Stimmklang? Gibt es Änderungen in der Ausstrahlung? Was empfinden Sie? Welche der beiden Aussagen regt Sie an, Fragen zu stellen? Mit welchem der beiden Dozenten würden Sie lieber arbeiten wollen?«

Wir fragen hier nach der inneren Haltung, die zu bestimmten Äußerungen führt. Bei der ersten Äußerung schwingt häufig etwas Autoritäres mit, etwas als unangenehm empfundenes Bestimmendes. Die Kommentare zur zweiten Äußerung gehen in Richtung Gesprächsoffenheit, freundliche Atmosphäre, Aufforderung zum Mitmachen usw.

Die erste Äußerung wird in einer Haltung gesprochen, die sich hauptsächlich mit sich selber und mit der eigenen Rolle beschäftigt. Hier braucht der Redner möglicherweise diese Rolle, um sich wichtiger und wertgeschätzter zu fühlen. Bei der zweiten Äußerung steht eher ein lebendiges Interesse an den Menschen dahinter und der Wunsch, ihre Entwicklung zu fördern. Die Identifikation mit der Rolle ist zwar in einem vernünftigen Maße vorhanden und beflügelt die Arbeit. Es schränkt die Person aber nicht wie im ersten Fall ein, wo die übertriebene Identifikation den Kontakt mit den Menschen behindert.

### 5.1.2 Andere verstehen statt zu (ver)urteilen

*Um zur Wahrheit zu gelangen, sollte jeder die Meinung seines Gegners zu verteidigen versuchen.*
Jean Paul

Der Klassiker: Ich rege mich maßlos über einen Zuhörer auf, der mitten im Vortrag gegangen ist oder auffällig stört, oder über den Kollegen, der meine sorgfältig erstellte Argumentation mit seinen Aussagen unterminiert. Einen bösen Kommentar habe ich nur mit Mühe verhindern können. Ich schimpfe innerlich auf ihn und nehme mir vor, ihn für längere Zeit zu ignorieren. Was macht das mit mir? Ich bin noch lange ärgerlich, kann keinen klaren Gedanken fassen und muss mich erst einmal beruhigen, bevor ich mich weiter konzentriert meinem Vortrag widme bzw. weiter meiner Beschäftigung nachgehen kann. Wie könnte es anders gehen? Was hat mich in dieser Situation so sehr gefangen gehalten?

**Übung: Andere verstehen**

!

Für diese Übung brauchen Sie Papier und Schreiber. Beobachten Sie sehr genau, wie sich Ihre innere Haltung durch die Übung verändert. Zuerst gehen Sie in die Wut und die Verurteilung des anderen Menschen hinein, schaukeln sich richtig schön hoch. Dann beginnen Sie die folgenden Fragen schriftlich zu beantworten.

- Was konnte den Zuhörer bewogen haben, so zu reagieren?
- Was kann den Kollegen innerlich so sehr irritiert haben, dass er mir in die Parade gefahren ist?
- Welche Probleme könnte er beruflicher Art, privater Art oder auf sonstige Weise haben, die ihn veranlasst haben, zu gehen oder zu widersprechen?

Wie geht es Ihnen jetzt nach der Beantwortung der Fragen? Vermutlich empfinden Sie eine gewisse Erleichterung, Ihr Zorn ist weitgehend verraucht. Sie fokussieren sich nicht mehr nur auf sich selbst, sondern nehmen wahr, dass andere Menschen andere (berechtigte) Interessen haben.

Bei der Beantwortung der Fragen haben Sie sich in die andere Person hineinversetzt, haben versucht, sie zu verstehen. Dabei haben Sie sich beruhigt und vor allem hat sich damit Ihr (Ver-)Urteilen gewandelt. Das Urteilen wurde durch Verständnis abgelöst. Warum ist es so wichtig, die andere Person nicht zu verurteilen? Hier in dieser Situation gibt es dafür gute Argumente. Man ist nicht mehr bei seinem Unmut, sondern kann sich wieder auf seinen Vortrag konzentrieren, man kann sich nach dessen Beendigung wieder den Dingen widmen, die anstehen, anstatt noch stundenlang über diese Situation und den eigenen Groll nachzudenken. Man ruht wieder in sich, statt durch diese Verurteilung aus seiner Mitte gezogen zu sein.

Wir können das Ganze auf andere Situationen übertragen, denken Sie nur an Auseinandersetzungen mit anderen Menschen oder Konflikte. Sobald wir unsere eigene Sichtweise verlassen und ein paar Schritte in den Schuhen des anderen gehen, haben wir viel mehr Verständnis für seine Handlungsweise und können möglicherweise das Urteilen lassen. Dadurch baut sich keine negative Verbindung mit dieser anderen Person auf, was ein großer Vorteil ist. Wir bleiben sehr viel stärker in uns selbst verankert und können die Person mit einer viel größeren Gelassenheit und Toleranz betrachten.

**Unsere Aktivität im Wahrnehmungsprozess**

Den ersten beiden Schritten, die Sie bisher gemacht haben, ist eines gemeinsam. Sie haben in einem aktiven Akt, und sei es nur dem des Zulassens, sich Dinge zu eigen gemacht. Sie haben sich mit Ihrer Rolle auseinandergesetzt und durch die Brille eines anderen geschaut. Sie haben sich mit Dingen außerhalb Ihres Selbst verbunden und waren dadurch nicht mehr in Ihrer Mitte. Anschließend haben Sie in den zwei kleinen Szenarien erlebt, wie Sie durch die Bearbeitung Ihrer inneren Haltung Ihre Ruhe und Mitte wiederfinden konnten. Dadurch sind Sie äußeren Ereignissen gegenüber sehr viel neutraler und unabhängiger geworden. Sie haben gelernt, aktiv steuernd Ihre innere Haltung zu beeinflussen und damit auch die Verarbeitung der von außen kommenden Reize. Diesen Prozess setzen wir mit den nächsten Schritten fort.

### 5.1.3 Sich selbst verstehen statt sich emotional wegschwemmen zu lassen

Gestern Morgen machte ein Kollege zu mir eine Bemerkung, deren Inhalt ich schon wieder vergessen habe. Nicht vergessen habe ich meine Reaktion darauf, die war nämlich aufbrausend und dem Anlass absolut nicht angemessen. Diese Reaktion weist auf das, worum es jetzt gehen soll.

Wir reagieren mehr oder weniger häufig in einer Weise, die zum Anlass überhaupt nicht passt. Offensichtlich steht hinter dem angesprochenen Thema eine zweite Ebene, auf die wir reagieren. Jemand hat den sogenannten wunden Punkt getroffen – und wir reagieren automatisch. Die Emotionen überschwemmen uns und wir haben mitunter nicht mehr die (volle) Kontrolle über unsere Handlungen.

**Übung: Alte Muster** !

Kennen Sie ähnliche Situationen bei sich selber? Beobachten Sie sich und freuen Sie sich, wenn sich eine solche Reaktion wieder einmal zeigt. Denn dann können Sie versuchen, dem Muster auf die Schliche zu kommen. Gibt es ein wiederkehrendes Muster?

Zuerst einmal genügt es vollauf, sich klarzumachen, dass da möglicherweise noch etwas ist, das quasi vollautomatisch eine Reaktion auslöst. Schreiben Sie es sich auf und sammeln Sie diese Ursachen und Gründe. Sie werden Ihnen Aufschluss über Ihre wunden Punkte und letztlich damit auch die Möglichkeit zur Bewältigung geben.

Das folgende Fallbeispiel aus der Beratungspraxis zeigt, worum es gehen kann und wie eine Lösung möglich wird.

**Fallbeispiel: Verständnis für mich selbst** !

Eduard hatte zunehmend Schwierigkeiten mit einem Teilnehmer eines regelmäßigen Meetings, der sehr laut war und in seiner cholerischen Art auch vor häufigen persönlichen Beleidigungen und Angriffen nicht zurückschreckte. Er litt darunter, dass dadurch seine Redepräsenz beeinträchtig wurde, und sah schließlich keine andere Möglichkeit, als sich krankschreiben zu lassen. Im Coaching betrachteten wir zwei Aspekte. Der eine Aspekt hatte mit dem anderen Mitarbeiter zu tun. Dadurch dass Eduard sich in dessen Person hineinversetzte, wie vorhergehend beschrieben, entwickelte er Verständnis dafür, warum sich dieser so irritierend benahm. Der zweite Aspekt aber betraf Eduard selbst. Um dem Dahinterliegenden auf die Spur zu kommen, stellte er sich der Überlegung: »Geht es um die sachlichen Fragen oder um etwas anderes?« Selbst überrascht fand Eduard heraus, dass es sich – ausgelöst durch die Lautstärke des anderen – um die Gewitterangst des dreijährigen Kindes Eduard handelte.

Neben dem Verständnis für die Handlungsweise des anderen hatte Eduard vor allem Verständnis für sich selbst gewonnen. Es war ihm nun wieder möglich, an den regelmäßigen Treffen mit diesem Mitarbeiter teilzunehmen. Und er hatte gelernt, seine Ohren auf Durchzug zu stellen (wie der Volksmund so schön treffend sagt), um die Situation unbeschadet zu überstehen[46].

### 5.1.4 Verzeihen statt zu tolerieren

Wenn mir jemand geschadet oder mich verletzt hat, will ich mit der Angelegenheit irgendwann meinen Frieden machen. Ich kann den anderen Menschen in seiner Art tolerieren und im Geiste zu ihm sagen: »Ich bin so großzügig und toleriere deinen Fehler.« Ich kann ihm aber auch verzeihen und im Geiste sagen: »Ich verzeihe dir. Wir sind alle Menschen und machen Fehler.« Im ersten Fall stelle ich mich über die andere Person (ich bin ja so großherzig) und – das ist ganz wesentlich – es bleibt eine innere Verbindung zu dieser Person und zu der Situation bestehen. Diese wird mich in Zukunft in ähnlichen Situationen belasten und vor allem auch mein Verhältnis zu diesem Menschen nicht freimachen. Im zweiten Fall stelle ich mich mit dem Menschen auf eine Ebene (wir sind alle Menschen), habe Verständnis für seine Handlungsweise und kann mich vom Ereignis und von der Person durch den Akt des Verzeihens lösen. Aus meiner Erfahrung heraus ist es ein Akt der inneren Arbeit, der nicht unbedingt nach außen kommuniziert werden muss. Probieren Sie es aus!

**Sich selbst verzeihen**

Im geschilderten Beispiel mit dem widersprechenden Kollegen und meiner unbeherrschten Reaktion kann ich dem Kollegen verzeihen – aber ich sollte auch mir selber verzeihen. Sie fragen, warum mir selber? Ich kann mir sogar zwei Dinge verzeihen. Das eine ist, dass ich möglicherweise selbst etwas unachtsam war und mit etwas mehr Vorausblicken hätte erkennen können, dass der Kollege womöglich in einer fordernden beruflichen Lage steckt. Das zweite, was ich mir verzeihen kann, ist meine innerliche Unbeherrschtheit, mein unkontrollierter Zorn dem Anderen gegenüber. Diese Reaktion ist ja ein Sich-Gehen-Lassen, ein Zeichen, dass man nicht Herr der Lage ist, sondern sich von seinen Emotionen wegschwemmen lässt. Wenn ich mir nicht verzeihen würde, dann würde ich rechthaberisch auf der Angemessenheit meiner

46 Vgl. Hoffmann 2015, S. 85.

aufbrausenden Reaktion beharren (ich habe doch völlig korrekt gehandelt) und würde auch für meine emotionale Reaktion keine Verantwortung übernehmen (in einer solchen Situation darf man sich doch aufregen). Beides engt mich ein, behindert mich, frei und offen den weiteren Ereignissen des Tages gegenüberzutreten. Ich verzeihe mir also, dass ich etwas zu unachtsam war und es zugelassen habe, dass meine Emotionen mich übermannt haben. Damit ist für mich die Angelegenheit abgeschlossen und ich kann frei nach vorne schauen.

### 5.1.5 Ziele loslassen statt sich willensmäßig zu verhärten

Ziele sind wichtig, keine Frage. Für manche sind sie aber das A und O, also unumstößlich und das große Lebensmotto: Wo will ich in fünf Jahren stehen, wo in zehn? Wie sehen diese großen Ziele heruntergebrochen auf Jahre, Monate, Wochen und für den Alltag zerlegt in Kleinst-Zielen aus? Wie muss ich immer wieder meinen Alltag darauf ausrichten, damit das große Ziel nicht gefährdet wird?

Sicher sind Zielpläne für Unternehmen und Strukturen unerlässlich und sehr sinnvoll. Andererseits kennen wir alle die Erfahrung, dass wir uns etwas ganz fest vornehmen und dafür hart arbeiten, es dann aber am Ende doch anders ausgeht. Ich meine damit nicht, dass man zielorientiertes Handeln prinzipiell ausschließen sollte, weil es im letzten Moment möglicherweise doch anders kommt. Es geht mir darum, nichts erzwingen zu wollen, sondern die Bedingungen zu schaffen, dass etwas wachsen kann. An den Bedingungen können wir arbeiten. Wir können zum Beispiel einen Rasen anlegen. Wir glätten die Fläche, bringen den Humus auf, Dünger, Rasensamen und wässern regelmäßig. Aber wachsen wird das Gras alleine. Der Grashalm wächst nicht schneller, wenn wir daran ziehen. Ähnlich verhält es sich, das ist meine Überzeugung, mit unseren Unternehmungen. Nur wenn wir am Schluss ein kleines bisschen Freiheit lassen, werden sie sich gut entfalten können.

**Fallbeispiel: Ziele loslassen** !

Es ging um die Wahl zur Landesvorsitzenden des Fachverbandes. Die Rede sollte, ja, musste die Vertreter der 200 Institutionen überzeugen. Die Nervosität war hoch, der Erfolgsdruck enorm, der Gegenkandidat gut. Würde sie überzeugen? Würde man sie wählen? Mit der notwendigen und überzeugenden Mehrheit? Würde sie ihr Gesicht wahren? Die beruhigenden Worte der Kollegen und Freunde konnten sie nicht aus der Anspannung herausholen. »Das schaffst du schon!« oder »Du bist super, wird schon klappen!« hatten keine Wirkung. Es wurde immer schlimmer. Kurz bevor sie zum Rednerpult ging, sagte ein guter Freund, der bisher geschwiegen hatte: »Kannst du auch weiterleben, wenn es nicht klappt?« Es war, als ob ein Schalter umgelegt worden wäre. Klar konnte sie. Jetzt war es ihr recht, die Wahl zu gewinnen oder zu verlieren. Sie war mit beidem einverstanden. Ruhig und gefasst und mit fast heiterer Stimmung hielt sie ihre Rede. Und wurde einstimmig gewählt. Sie hatte ihr Ziel innerlich freigelassen.

### 5.1.6 Kreativität freisetzen statt verbissen zu grübeln

Für die Kreativität haben Psychologen Ähnliches bewiesen. Ap Dijkserhuis und Teun Meurs von der Universität Amsterdam untersuchten im Jahr 2006, wie man die leise Stimme der Kreativität dazu bringen könnte, sich gegenüber der lauten Stimme des bewussten Verstandes Gehör zu verschaffen. Sie hatten beobachtet, dass der bewusste Geist sich sehr gern in den Vordergrund schiebt und die Kreativität nicht zu Wort kommen lässt. In dem geschilderten Experiment sollten zwei Gruppen kreative Namen für eine neue Nudelsorte entwickeln[47]. Die eine Gruppe sollte bewusst über die Fragestellung nachdenken und dann die Nudelnamen notieren. Die andere Gruppe sollte kurz darüber nachdenken, dann aber einige Minuten lang intensiv einen auf dem Bildschirm wandernden Punkt mit den Augen verfolgen und die Leertaste drücken, wenn er die Farbe wechselte.

Es gab zwei bemerkenswerte Ergebnisse. Die Gruppe, die den wandernden Punkt am Bildschirm beobachtet hatte, hatte die kreativeren Vorschläge. Und sie hatte auch doppelt so viele Vorschläge wie die andere Gruppe. Die Forscher schlossen daraus, dass das Unbewusste weiter an der vorliegenden Aufgabe arbeitete, während der bewusste Geist sich anderen Tätigkeiten widmete. Sie hoben hervor, dass das Unbewusste »auf ganz andere Weise über die Dinge nachdachte. Es war innovativ. Es stellte neue Verbindungen

47 Vgl. Wiseman 2010, S. 133.

her. Es erzeugte wirklich originelle Ideen«[48]. Wahrscheinlich gibt es deshalb die bekannte Redewendung, die ich auch häufiger von meinem Vater gehört habe, wenn wir eine wichtige Angelegenheit besprochen hatten: erst einmal eine Nacht darüber schlafen.

!

**Übung: Kreativität zulassen**

Notieren Sie sich bei Ihrem nächsten Vortrag einige Möglichkeiten zur kreativen Improvisation, ohne diese zwingend durchführen zu müssen. Fangen Sie mit wenigen Stellen an, da wo Sie inhaltlich besonders sattelfest sind, und weiten Sie diese aus, wenn Sie merken, dass Sie Ihre Kreativität spontan zulassen können. Sie werden nach und nach sicherer werden und dadurch einen anregenden Kontakt mit dem Publikum aufbauen können.

Zu den bisherigen sechs Schritten gibt es noch eine weitere wichtige Hilfestellung zur Achtsamkeit sich selbst und anderen gegenüber, die auch im Alltag zu beherzigen ist:

### 5.1.7 Neutral sein statt sich etwas zur Wahrheit zu machen

Der Tratsch macht es uns schwer, neutral zu bleiben. Wie leicht sind wir verführbar, zu glauben oder doch zumindest für möglich zu halten, dass der Kollege XY irgendetwas Skandalöses gemacht hat. Schaffen wir es, im Gespräch mit anderen so zu formulieren: »Ich habe gehört (oder Frau Müller hat gesagt), das XY dies oder jenes gemacht haben soll«? Meistens sagen wir doch: »XY hat das und das gemacht.« Oder wir hören gerüchteweise, dass das für heute Abend geplante Spiel mit Schalke 04 ausfallen soll. Wie leicht sagt man zu seinen Freunden: »Das Spiel mit Schalke 04 fällt aus!«, anstatt: »Ich habe gehört, das Spiel mit Schalke 04 soll ausfallen.« Erkennen Sie den Unterschied?

Verstandesmäßig ist es uns klar. In dem einen Fall mache ich deutlich, dass es sich um eine Information handelt, die ich woanders herbekommen habe. Im anderen Fall gebe ich sie als eine unumstößliche Tatsache weiter, die keine weitere Diskussion zulässt. Erfahrungsgemäß werden die beiden Aus-

48 Ebda., S. 136.

sagen mit unterschiedlicher Körperpräsenz und vor allem mit unterschiedlicher Stimme gesprochen.

Worin besteht der Unterschied? In dem einen Fall haben wir unsere Neutralität verloren, glauben blind, was wir gehört haben. Den Vorgang, der in unserem Inneren stattgefunden hat, kann man beschreiben mit: »Ich habe es mir zur Wahrheit gemacht.« Und aus dieser Überzeugung heraus werde ich sprechen. Unsere Gesprächspartner werden spüren, dass dies eine Wahrheit aus zweiter Hand ist, sie werden bemerken, dass nicht wir selbst es sind, die sprechen. Sie spüren, dass diese Aussage nicht authentisch ist.

Aber wir dürfen auch fragen, warum wir uns auf diese Art der Kommunikation einlassen. Vielleicht benutzen wir die Weitergabe der Information nur, um Aufmerksamkeit zu erzielen? Mit Sensationen auf uns aufmerksam zu machen? Eine Rolle einzunehmen oder zu stabilisieren?

Die folgenden Übungen sind im engeren Sinne keine Kommunikationsübungen, sondern dienen der Erforschung unserer inneren Haltung und unserer Emotionen. Die vorgeschlagenen Formulierungen in Übung 1 sind möglicherweise nicht alltagstauglich. Sie werden aber im Alltag Ihre eigenen Formulierungen finden können, denn die dahinterstehende innere Haltung ist das Entscheidende.

!

**Übung: Neutral sein 1 – innere Haltung**

Mit dieser Übung erproben Sie Ihre Fähigkeit, innerlich neutral zu bleiben, egal was man Ihnen erzählt. Am besten macht man diese Übung in einer Gruppe, das gemeinsame Beobachten und Mitempfinden macht die Prozesse deutlicher. Die Übung geht aber auch zu zweit.
Nehmen Sie die Rolle des Hörenden ein. Es geht darum, ganz genau zu beobachten, ob man sich in die Gedanken und Emotionen des Gesprächspartners hineinziehen lässt oder nicht. Ich bin gespannt, ob Sie die feine Trennungslinie erspüren können zwischen Mitempfinden und Mitleiden, zwischen dankbar sein und stolz sein.
Die andere Person erzählt Ihnen irgendetwas Skandalöses, Aufregendes oder Unmögliches über eine fiktive Person. Konnten Sie bei sich bleiben? Hatten Sie das Bedürfnis, zu antworten? Wenn wir nun antworten, drücken wir unsere innere Haltung aus. Wenn wir sicher sind, werden die richtigen Worte kommen. Probieren Sie aus, ob Formulierungen wie »Das mag so sein« oder »Wenn du das so sehen

willst« Ihre innere Haltung widerspiegeln. Vielleicht finden Sie weitere geeignete Formulierungen?
Häufig kann die Gruppe sehr genau mitempfinden, ob Sie sich haben hineinziehen lassen oder nicht. Lassen Sie sich Rückmeldung geben!

**Übung: Neutral sein 2 – Komplimente** !

Mit dieser Übung[49] verfeinern Sie Ihre Fähigkeit, mit Komplimenten umzugehen. Denn Komplimente sind eine zweischneidige Sache. Sie sind, wie wir alle wissen, manchmal ehrlich gemeint, manchmal werden sie aber auch benutzt, um eine Person wohlgesonnen zu stimmen.
Beobachten Sie Ihre innere Haltung, wenn Sie ein Kompliment bekommen. Können Sie neutral und bei sich bleiben oder freut es Sie, macht es Sie größer, stolz?
Ihr Gesprächspartner versucht, Sie mit einem Kompliment oder Schmeichelei aus Ihrer Mitte zu bringen. Er beginnt mit einem Kompliment zu Ihrem Äußeren wie Frisur, Brille, Schmuck, Kleidung, Schuhe. Das zweite Kompliment bezieht sich auf eine Ihrer gelungenen Aktivitäten der letzten Zeit, das dritte auf eine positive Charaktereigenschaft, die andere Menschen an Ihnen schätzen.
Bei welchem der drei Komplimente konnten Sie am leichtesten bei sich bleiben, bei welchem war es am schwierigsten? Mit welchen Worten haben Sie geantwortet? Wie hat die Gruppe Ihre Reaktion wahrgenommen? Erforschen Sie so Ihre »Schwachstellen«.

**Übung neutral sein 3 – Information weitergeben** !

Mit dieser Übung erweitern Sie Ihre kommunikative Kompetenz. Sie erspüren, aus welcher inneren Haltung heraus Sie die eine oder andere Formulierung passend sprechen können, und Sie erleben, wie Ihr Publikum auf die unterschiedlichen Formulierungen jeweils reagiert.
Benutzen Sie für Ihre Übungen einen Satz Ihrer Wahl. Das eine Mal sprechen Sie ihn als unumstößliche Tatsache, das zweite Mal so, dass Ihre Neutralität deutlich wird. Da die Wortwahl der inneren Haltung folgt, sollten Sie vor dem lauten Sprechen sehr genau die innere Einstellung klären. Mögliche Worte wären:

- »Morgen schneit es/haben wir 30 Grad/scheint die Sonne.« (je nach Wetterlage)
- »Im Wetterbericht habe ich gehört, dass es morgen schneit/wir 30 Grad haben werden/die Sonne scheint.«

Wie ging es Ihnen bei den beiden Sätzen? Wie war Ihr Stimmklang? Was haben die Zuhörer wahrgenommen?

49 Vgl. hierzu auch Beck 2005.

Nach diesen Übungen wird es Ihnen vermutlich leichter fallen, bei sich zu bleiben und Ihre Neutralität zu wahren. Insbesondere in kritischen Situationen, wenn man hinter den Worten einen Angriff vermutet, kann es von großem Vorteil sein, neutral bleiben zu können. Denn nur aus der Ruhe und Gelassenheit heraus wird man souverän mit solchen Situationen umgehen können.

## 5.2 Können diese Augen lügen?

*Solange der Mensch sich fürchtet, durchschaut zu werden, kann er weder sich selbst noch andere erkennen.*
Hildegard von Bingen

Lügen – das können unsere Augen nicht. Wir können schöne Augen machen, wir können mit Blicken der Verachtung strafen, wir können jemanden nicht im Blick haben, aber lügen können unsere Augen nicht. Das ist wissenschaftlich bewiesen, wie bereits in Kap. 2.2.1 *Angst zu viel preiszugeben* erwähnt. Der Marburger Neurologe Lars Bonowski hat in seinen pupillographischen Studien – die genauer sind als Lügendetektoren – gezeigt, dass dies einfach nicht geht[50]. Erkennbar ist dies an den feinsten Änderungen des Pupillenspiels. »So führt selbst unterschwelliger Stress über die Erhöhung des Adrenalins im Blut zur Erweiterung der Pupille. Plötzliche Angst führt zu ›schreckgeweiteten Augen‹«.[51] Umgekehrt kann man natürlich auch in unseren Augen lesen. »Bei freudiger Erwartung sind die Lidspalten und Pupillen weit – man bekommt leuchtende Augen.«[52] Wenn man in unseren Augen schon lesen kann wie in einem offenen Buch, stellt sich natürlich die Frage, was wir tun können, um uns eine innere Haltung zu erarbeiten, die es uns ermöglicht, uns frei und offen zu zeigen.

Selbstfürsorge, Förderung der inneren Entwicklung, von Wahrnehmungsgenauigkeit und Empathie – könnte mich das nicht zu weich fürs harte Geschäft machen? Das mag in der Vergangenheit gestimmt haben. Für die

50 Vgl. Strempel 2004.
51 Ebda.
52 Ebda.

heutige Zeit ist es zu überdenken. Der Businessautor Reinhard Sprenger formuliert sehr klar: »Jeder Mensch geht weg, wo er sich nicht wahrgenommen fühlt.«[53] Für ihn ist das Entscheidende, dass eine Führungskraft sich so verhält, dass die Menschen Vertrauen haben, Vertrauen in die Handlungsweise und Vertrauen in eine gemeinsame Zukunft. Neben klarem Denken setzt dies aber auch Wahrnehmungsgenauigkeit für die Bedürfnisse der Menschen voraus – den offenen Blick mit lebendigem Interesse an den Menschen. Dies gilt insbesondere auch für Redner, die mit diesem signalisierten Interesse den Zuhörer viel besser mit »ins Boot nehmen« und damit erfolgreicher ihre Botschaft vermitteln können.

### 5.2.1 Innere Arbeit für offene Augen

*Die Arbeit an mir selber hat etwas freigelegt, eine reine Gesichtsfläche, ich kann den Blick aufnehmen und sehe den Menschen, so wie er ist.*
Karin Wett, Trainerin in der Finanzwirtschaft, Feldenkraislehrerin

Menschenführung beginnt bei mir selbst. Dieser inzwischen schon zur Berühmtheit gelangte Satz von Schulz von Thun zeigt, worum es im Kern geht. Wenn ich Menschen führe, sie schule oder unterrichte, stets wird nach der Integrität meiner Persönlichkeit gefragt, ob nun bewusst oder unterbewusst. Die Menschen haben ein recht genaues Gefühl, ob ich, der ich vor ihnen stehe, authentisch bin oder nicht, ob ich wirklich das meine, was ich sage, und ob ich ihnen etwas anbiete, das unabhängig ist von ihrer Leistung, nämlich Beziehung oder Zukunft. Mit Beziehung sind hier natürlich nicht weinselige Geselligkeitsabende und unlockere gemeinsame Aktivitäten gemeint. Gemeint ist eine auf ehrlichem Respekt basierende Wertschätzung des anderen, Vertrauen, das in beiden Richtungen besteht.

Der freie Blick auf Menschen, der sie in ihrem Wesen erfassen kann, ist wie bereits gesagt häufig das Ergebnis eines Entwicklungsprozesses, den ich selber durchgemacht habe und durchmache, wie das obige Zitat von Karin Wett zeigt. Sie habe, sagte sie in einem Gespräch, früher immer Vorurteile gegen

53 Sprenger 2013.

Menschen mit großkarierten Hemden gehabt. Ihre Brille, sagt sie schmunzelnd, ist durch die intensive Beschäftigung mit sich selber sehr viel klarer geworden.

!

**Übung: Auffinden der eigenen Vorurteile**

Fragen Sie sich: Welche Muster verwehren Ihren offenen Blick? Wo gibt es Stereotype, sei es in der Kleidung, im Aussehen, im Verhalten, vielleicht sogar in Frisur oder Haarfarbe, wo sich bei Ihnen automatische Zuordnungen vollziehen?

Je mehr ich in mir ruhe, je mehr ich meine innere Ordnung und Sicherheit gefunden habe, umso weniger lasse ich mich verführen, andere Menschen vorzuverurteilen, umso weniger brauche ich andere Menschen, um mich – und sei es auch nur für mich selber – kontrastierend von ihnen abzuheben. Mein Blick ist frei geworden in dem Sinne, dass ich nicht mehr in allen Aspekten, die ich aufnehme, versuche, eine Bestätigung für meine Vorurteile zu finden. Ich kann den Menschen so, wie er ist, sehen und annehmen. Und ich bin neugierig, wie sich unsere Beziehung entwickeln wird.

### 5.2.2 Wacher Blick aus der inneren Ruhe

Aufgeregt redet der deutsche Gast im Urlaub in der italienischen Eisdiele auf die Serviererin ein. Die scheint nicht viel zu verstehen, wird nervös. Ein junger Kellner kommt dazu und sagt zu dem Gast mit beruhigenden Gesten »Calma, calma!« Und bespricht dann mit dem Gast die Sache in aller Ruhe, mit wenigen Worten und auf Deutsch.

Diese Ruhe kann man in die Wiege gelegt bekommen haben. Man kann sie sich auch erarbeiten. Oder aber man hält über die Sinneswahrnehmung einen engen Kontakt zu sich selbst. Denn wie wir gesehen haben, bewirkt das Wahrnehmen über die Sinne, ob es denn Körperbewegungen sind oder das Riechen, Hören oder Sehen, eine bessere Zentrierung in mir selber. Insbesondere das wache Aufnehmen des Gegenübers über die Augen hat diesen Effekt und zusätzlich noch einen zweiten, dass nämlich mein Gesprächspartner erlebt, dass ich mit meiner Aufmerksamkeit bei ihm bin. Manchmal habe ich den Eindruck, dass man sich 90% aller Kommunikations- und Rhetorikschulungen ersparen kann, wenn man in der Lage ist, mit wachem Blick aus der inneren Ruhe heraus mit seinem Gesprächspartner zu kommunizieren. Denn in diesem aus der Ruhe kommenden Blick teilt sich sehr viel mehr mit, als Worte sagen können.

Erinnern Sie sich an Gespräche, die trotz der Tatsache, dass Sie nicht in Ihrer Muttersprache gesprochen haben, höchst intensiv waren, weil über den Blick viel mehr Informationen und vor allem Emotionen mitgeteilt wurden als über den vielleicht nicht ganz ausreichenden Wortschatz? Das funktioniert auch in unserer Muttersprache. Und wir dürfen darauf vertrauen, dass diese Intensität entsteht, wenn wir aus der Ruhe heraus mit wachem Blick kommunizieren. Vielleicht mit weniger Worten ...

### Die Augen tragen es nach außen

*Die Einheit, die ich tief innen habe, strahlt nach außen,*
*sie verändert irgendwie die Atmosphäre.*
Karin Wett, Trainerin in der Finanzwirtschaft, Feldenkraislehrerin

**Beispiel: Ruhe schaffen** !

Ich trete auf die Bühne. 500 Schüler im Saal, ein lebendiges Geschnatter. Stühle, Notenpulte, Kontrabässe und Pauken stehen schon. Ich bin gespannt, wie lange es dauern wird. Ich stehe und warte. Und schließlich ist es ruhig, die Aufmerksamkeit verdichtet sich immer mehr, ich beginne zu sprechen. Das Konzert kann beginnen. Ich erinnere mich an diese Jahrzehnte zurückliegende Szene noch sehr genau. Ich war innerlich sehr ruhig und gelassen, hatte bei jedem dieser Konzerte erneut das Vergnügen, die Veränderung der Atmosphäre miterleben zu dürfen. Ich hätte ja auch auf die Bühne gehen und über die Mikrofonanlage um Ruhe bitten können ...

Szenen wie diese werden Sie in der einen oder anderen Form auch erlebt haben. Und Sie werden charismatische Menschen kennen, deren Hauptausstrahlung diese innere Ruhe ist. Denken Sie an das Beispiel unseres Altbundeskanzlers Helmut Schmidt, der mit einer Seelenruhe Zeit verstreichen lassen konnte, bevor er auf eine Frage antwortete. Diese Menschen, so scheint es, sind durch nichts aus der Ruhe zu bringen und übertragen diese auch auf ihre Umgebung.

## 5.3 Was tun gegen die eigene Angst vorm Publikum

Im Kapitel 5.1 über das kommunikative Innenleben haben wir einiges darüber erfahren, wie wir uns innerlich ordnen und klären können. Wir können aber auch den umgekehrten Weg beschreiten, von außen nach innen. Das bedeutet, wenn wir in unserem Verhalten etwas verändern, hat es eine Auswirkung auf unser Befinden, auf unser Innenleben. Ein eingeübter Auftritt bringt Routine und damit Sicherheit auf der Bühne, was sich wiederum auf eine neue Situation beruhigend auswirken kann. Dazu müssen wir aber vorerst unsere Ängste vor der Vortragssituation an sich in den Griff bekommen. In diesem Kapitel finden Sie dazu verschiedene Tipps und Übungen.

### 5.3.1 Affenkumpel und Vertrautheit

Der Neurobiologe Gerald Hüther erwähnt in seinem Buch *Biologie der Angst* (2005) ein Stressexperiment mit einem Affen[54]. Ein zuvor entspannter Affe zeigte deutliche Stresssymptome, als ein Hund bellend um seinen Käfig sprang. Ein zweiter Affe, der zuvor Beruhigungsmittel bekommen hatte, ließ sich weit weniger stressen. Seine Ruhe wirkte auf den ersten zurück, dieser zeigte daraufhin deutlich weniger Stresssymptome. Interessanterweise funktionierte das nur, wenn es ein vertrauter Affe war. Ein unvertrauter Affe, auch wenn er Beruhigungsmittel bekommen hatte, hatte nicht denselben Effekt. »Es war also nicht das Beruhigungsmittel alleine, sondern das Zusammengehörigkeitsgefühl, die Geborgenheit und das Vertraute, was stresslösend wirkte. Der Affe brauchte den vertrauten Artgenossen neben sich, er musste ihn am Fell packen können.«[55]

Wir Menschen brauchen auch gelegentlich einen solchen »Affenkumpel«, der uns in extremen Stresssituationen, in denen wir uns allein fühlen, unterstützt. Wir können ihn auch imaginieren, wenn unsere beste Freundin und unser bester Freund keine Zeit haben. Dadurch haben wir wieder sehr viel mehr Zugriff auf unsere Ressourcen, der unter Stress stark eingeschränkt sein kann.

54 Vgl. Muffler 2015, S. 59 f.
55 Ebda., S. 60.

**Übung: Ein Schutzengel steht hinter Ihnen** !

Die Erfahrung des hilfreichen Affenkumpels können Sie auf Ihre nächste Rede übertragen. Üben Sie es zuerst zuhause und imaginieren Sie die stressvolle Situation. Sie treten vors Publikum und Ihr Affenkumpel, Ihre beste Freundin oder Ihr bester Freund, treten hinter Sie, eventuell benötigen Sie zwei davon. Wenn nötig, dürfen Sie eine oder zwei Hände auf Ihrer Schulter spüren. Wenn Sie es etwas unpersönlicher wünschen, dürfen Sie sich gern Ihren Schutzengel (oder deren zwei) vorstellen, die mit Ihnen auf die Bühne schreiten. Gelingt dies zuhause, senkt es Ihr Stressniveau? Sie sollten es einige Male üben, bis es reibungslos klappt.
Bei Ihrem nächsten Auftritt imaginieren Sie Ihren Affenkumpel oder Ihren Schutzengel, bevor Sie auf die Bühne treten. Sie werden Sie strahlen lassen!

**Übung: Affenkumpel real in der zweiten Reihe** !

Den »Affenkumpel« können Sie auch ganz real mitnehmen. Setzen Sie ihn an einen bestimmten Platz im Saal, sodass Sie ihn leicht finden können. Der Affenkumpel kann eine große Hilfe sein, zu ihm kann Ihr Blick immer wieder schweifen, er wird Ihnen aufmunternd zunicken und Ihnen Vertrautheit und Sicherheit geben. Wahrscheinlich können Sie ihn nach 2-3 Reden entlassen ...

### 5.3.2 Das Vertraute im Blickkontakt zu Fremden

Das Vertraute können wir uns aber auch auf andere Weise herbeiholen, indem wir nämlich etwas tun, an das wir gewöhnt sind und dass unsere Sinne einbezieht und locker von der Hand geht. Dazu gehört das erwähnte Etwas-in-die-Hand-nehmen, was den Menschen dadurch beruhigt, dass das vertraute Greifen und Fühlen aktiviert wird.

Vertraut ist uns auch der Blick in die Augen unseres Zuhörers, was wir privat im in der Regel stressfreien Umfeld mühelos hingekommen. Beim Vortrag baue ich zu meinem Zuhörer einen interessierten lebendigen Blickkontakt auf, der wie im privaten ein feines nonverbales Schwingen zwischen den Kommunikationspartnern ermöglicht. Das funktioniert in der Mehrzahl der Fälle völlig reibungslos und routiniert und gibt Sicherheit.

Denken Sie an die Rede, mit der Sie am meisten Stress hatten. Sie standen vor dem Saal und dieser war gefüllt mit einer amorphen Masse von Katzen, die darauf warteten, über Sie als wehrlose Maus auf der Bühne herzufallen.

Wenn Sie jetzt diese Masse in einzelne Personen verwandeln könnten, würden Sie die Menschen im Saal weit weniger bedrohlich empfinden. Und das können Sie tun, indem Sie individuellen Blickkontakt mit einzelnen Menschen aufbauen. Ihr System empfindet nicht mehr die bedrohliche Masse der Menschen, sondern einzelne Personen, mit denen Sie einen individuellen Austausch über die Augen haben.

Und das beruhigt. Diese Rückwirkung auf Sie selber tritt ein aufgrund der Qualität des Blicks. Sie sind sehr daran interessiert herauszufinden, wie diese Person Ihre Worte aufnimmt, wie sie reagiert, ob sie versteht, ob sie im Verlauf des Vortrags interessierter schaut. Dieses menschliche Interesse, das über die Augen ausgedrückt wird, schafft Vertrauen, für beide Seiten. Hierzu gibt es im Kap. 8.2 *Unfaires, Lampenfieber & Co.* und im Kap. 8.4.1 *Inhalte – strukturieren Sie mit Ihren Augen* weitere Informationen.

!

**Übung: Zugewandter Blick gegen Lampenfieber**

Üben Sie es doch gleich bei Ihrem nächsten Auftritt. Schon bei der Begrüßung bleiben Sie bei einer Person, während Sie sagen: »Guten Tag, meine Damen und Herren«, und nehmen wahr, wie sympathisch Sie die Person finden, wie freundlich sie Sie anschaut und wie passend die Kleidung, die Frisur, die Brille, der Schmuck etc. gewählt wurden. Schließlich wollen Sie mit dieser Person, und natürlich den weiteren im Raum Anwesenden, die nächste Zeit verbringen und in einen lebendigen Austausch treten.
Auch Ihren nächsten Satz, »Ich begrüße Sie heute zu…«, sprechen Sie mit Blickkontakt zu einer Person und nehmen diese ebenso intensiv wahr. Die Arbeitsinhalte kündigen Sie ebenfalls mit einem weiteren Blickkontakt an. »Wir werden uns heute beschäftigen mit folgenden zentralen Fragen (Blick zu neuer Person), erstens … (Blick zu neuer Person), zweitens … (Blick zu neuer Person) und drittens … (Blick zu neuer Person).«
So haben Sie schon vor Beginn des eigentlichen Vortrags mit sechs Personen intensiv nonverbal kommuniziert. Wie geht es Ihnen damit?
Üben Sie es ein wenig zuhause, dann klappt es im Ernstfall locker und natürlich.

### 5.3.3 Augenfarbe und zugewandtes Sprechen

*Wachheit, Ruhe im Blick, alles das signalisiert: Ich bin bei dir.*
Karin Wett, Trainerin in der Finanzwirtschaft, Feldenkraislehrerin

Sie haben immer noch ein wenig Restangst vor Ihrem Publikum? Kommen nicht so recht in den Kontakt? Präziser gefragt, Sie sind nicht zu 100% mit sich selbst in Kontakt? Dabei wünschen Sie sich doch so sehr, mit blitzenden Augen und sprühender Präsenz zu Ihrem Publikum zu sprechen? Dann lade ich Sie gleich zu einer weiteren kleinen Übung ein.

Bevor Sie zu einer Gruppe sprechen, lassen Sie in der Regel Ihre Augen einmal über die Gruppe gleiten, um zu sehen, wer da und wie die Stimmung ist. Vermutlich haben Sie sich auch schon angewöhnt, einzelne Personen einer größeren Gruppe oder bei kleinen Gruppen bis zehn Personen alle Personen mit einem lebendigen interessierten Blick anzuschauen. Diese Qualität steigern Sie jetzt noch einmal.

**Übung: Wachheit im Blick** !

Die folgende Übung ist vermutlich für Sie viel zu leicht. Trotzdem ...: Wenn Sie das nächste Mal mit einer Einzelperson oder einer kleinen Gruppe sprechen, probieren Sie doch bei der Begrüßung Folgendes aus. Sie schauen der Person bzw. den Personen in die Augen und registrieren, welche Augenfarbe die jeweilige Person hat. Sie werden erleben, welche Veränderung im Kontakt diese kleine einfache Übung hat.

## 5.4 Hinschauen

*Neugier ist das wichtigste, Neugier und Verständnis an dem, was Mitmenschen äußern. Ungewohntes und Anderes finde ich spannend, darauf schaue ich mit interessiertem Blick und habe großen Spaß daran, nachzufragen. Und bitte keine schnellen Urteile, die kommen zuallerletzt, die blockieren nur den Blick.*

Horst Tauber, geschäftsführender Gesellschafter der TauberConsult GmbH

Wie häufig haben wir unsere dunkelgrau gefärbte, pessimistische, verurteilende Brille auf! Sie hält uns wesentlich davon ab, richtig zu sehen, die Dinge, die Personen, wie sie sind. Wir suchen die ganze Zeit nach Bestätigungen und Beweisen für das, was wir schon wissen. Oder glauben zu wissen. Und wollen partout nichts Neues sehen. Wenn jemand sich verändert, bekommen wir es überhaupt nicht mit, wenn sich jemand stark verändert, wankt unser Weltbild und wir sind stark irritiert und von der Person enttäuscht. Dasselbe gilt natürlich auch für die rosarote Brille, auch sie spiegelt unsere innere Einstellung. Wir sehen nur das, was wir sehen wollen.

Wenn wir die Brille abnehmen und es schaffen, offen und frei zu schauen und Dinge und Personen zu sehen, wie sie sind, wie sie sich tatsächlich darstellen, dann sind wir ganz präsent im Augenblick, im Hier und Jetzt.

Neben diesem übergeordneten Hinschauen, das auf unsere Offenheit hinsichtlich einer wertfreien Annahme des Gegenübers zielt, spielt aber letztlich das ganz praktische Hinschauen eine wesentliche Rolle, um meinen Zuhörer zu erreichen.

### 5.4.1 Bundesligaspiel schafft Blickkontakt

Wollen wir das nicht alle? Unser Publikum erreichen, die Menschen an unserer Hingabe am Thema teilhaben oder sie unsere Begeisterung spüren lassen? Ja, sie auch gelegentlich mitreißen? Aber wie kann ich das erreichen? Wie kann ich mich so öffnen, dass mein Engagement authentisch ist? Denn mit einer aufgesetzten Nummer, einer Show kommen wir ja nicht weiter. Das spüren die Menschen sehr schnell und werden nicht folgen. Wir brauchen also etwas, das diese besondere Brücke zu unseren Zuhörern baut – und diese Brücke ist ein lebendiges emotionales Interesse. Aber was ist dieses lebendige emotionale Interesse? Wie es der anderen Person geht? Wie sie uns gegenübersteht? Ob sie hundertprozentig bei der Sache ist? Oder etwas poetischer ausgedrückt, ein empathisches Einschwingen auf den Gesprächspartner?

Alles nicht ganz falsch. Der einfachste und auch der schnellste Weg ist aber die Befragung des eigenen Gefühls. Ich beobachte, welche Gefühle in meinem Inneren entstehen, wenn ich einen Menschen oder auch eine Gruppe anschaue. Das dauert nicht lange, ermöglicht mir aber ziemlich gut, die momentane Situation einzuschätzen. Sie können z. B. bei einer Gruppe von zehn Personen blitzschnell mit jeder einzelnen Person in Kontakt treten und Ihr Gefühl befragen. Dazu brauchen Sie nur eine klare Frage, die eine Antwort Ihres Gefühls braucht, nicht Ihres bewussten Verstands. Ideen dazu finden Sie in der folgenden Übung. Sie brauchen dafür weniger als eine halbe Sekunde pro Person. Die Person aber wird sehr genau spüren, dass Sie intensiv mit ihr in Kontakt getreten sind. Sie wird Ihnen aufmerksamer zuhören, die Stimmung im Raum verändert sich augenblicklich.

**Übung: Sich selbst befragen** !

Wenn Sie diese Übung zum ersten Mal machen, sollten Sie sie in einer kleinen Gruppe bis maximal zehn Personen durchführen. Sie stellen sich vor, Sie hätten noch drei Karten für das heute Abend stattfindende Konzert Ihrer Lieblingsband oder das entscheidende Spiel der Bundesliga. Bevor Sie Ihr erstes Wort sprechen, schauen Sie einmal in die Runde und stellen bei jeder Person fest, ob Sie ihr eine Karte geben wollen oder nicht. (Das Ergebnis behalten Sie bitte unbedingt für sich!)
Eine andere Variante ist, sich bei jeder Person zu befragen, ob Sie sie mit Handschlag oder mit einer Umarmung begrüßen möchten. Selbstverständlich brauchen Sie dies nicht real zu tun, es geht nur um eine intensive Befragung Ihres Gefühls in Bezug auf die jeweilige Person.
Üblicherweise werden die anwesenden Personen eine signifikante Steigerung der Intensität des Blicks feststellen, sie fühlen sich viel mehr gesehen und wahrgenommen. Denn Sie haben jetzt ein lebendiges Interesse an jedem einzelnen Menschen!

!

**Praxisbeispiel: Brücke durch Blickkontakt**

Ich erinnere mich an eine Aufführung mit Anton Bruckners Messe f-Moll, bei der ich als Dirigent eingesprungen war. Ein Supervisor wies mich in der Pause der Generalprobe auf bestimmte Musiker hin, denen ich nicht genügend Aufmerksamkeit hatte zukommen lassen. Also nahm ich sie sehr bewusst wahr, als es nach der Pause weiterging, insbesondere einen 2. Geiger am letzten Pult. Bei der Aufführung am nächsten Tag geschah etwas höchst Erstaunliches. Als ich aufs Podest getreten war und den Blick über das Orchester schweifen ließ, nickte mir eben dieser 2. Geiger freundlich zu und signalisierte: »Es kann losgehen!« Ich hatte ihn während der Proben nur einen kurzen Augenblick (vielleicht eine halbe Sekunde von insgesamt rund 10 Stunden Probenzeit) angesehen, und er fühlte sich dadurch so sehr einbezogen, dass er seine Unterstützung durch ein deutliches Nicken zeigte.

### 5.4.2 So wichtig vor dem ersten Wort – Brücken im Vorfeld

Mit einem an dem Menschen interessierten Blick trete ich schon in eine intensive Kommunikation ein, bevor ich spreche. Wenn ich mich dafür interessiere, wie es ihm geht, in welcher Stimmung er ist, wie zugewandt er ist, wie lebendig, dann ist schon eine Brücke gebaut. Die nachfolgenden Worte werden über diese Brücke den Gesprächspartner völlig anders erreichen als ohne den vorhergehenden Kontakt. Sie werden allerdings auch anders ausfallen. Denn wie wir später noch in den Forschungen von Charles Goodwin (Kapitel 7.1) sehen werden, beeinflusst der Blickkontakt die Rede, indem Satzbau und Inhalt auf die angeschaute Person zugeschnitten werden. Dies entspricht unseren eigenen Erfahrungen. Wenn wir uns von einer Person mit ehrlichem Interesse angeschaut fühlen, öffnen wir uns ebenfalls und sind eher bereit, dem Menschen zuzuhören, ihm inhaltlich zu folgen und evtl. auch auf seine Wünsche einzugehen.

Deshalb ist es so wichtig, vor Beginn einer Rede über die Augen in einen lebendigen Austausch mit den Zuhörern zu treten. Der entscheidende Kontakt zum Publikum findet statt, bevor das erste Wort gesprochen wird. Wie Sie diesen Brückenbau in Ihren Auftritt einbeziehen, dazu finden Sie nähere Erläuterungen im Kapitel 6.3.1 *5 Phasen – geklärter Ablauf schafft Sicherheit*.

**Fallbeispiel: Brücken im Vorfeld**

!

Der Redner hatte Mut. Er trat nach vorne und schaute höchst interessiert und sehr viel länger als erwartet das Publikum an, studierte mit großem Interesse sehr viele einzelne Gesichter. Es dauerte lange, aber niemand wurde unruhig. Schließlich begann er zu reden. Er sprach über das Wechselverhältnis von spiritueller Arbeit und körperlicher Gesundheit, wahrlich kein einfaches Thema. Durch die intensive Kontaktaufnahme zu seinem Publikum hatte er sowohl die Menschen im Saal als auch sich selber auf die anspruchsvolle Thematik eingestimmt. Seine Worte erreichten das Publikum, das Publikum ging bereichert nach Hause.

### 5.4.3 Die Brücke bauen – schwierig genug

Die Brücke über den Blickkontakt zu bauen, ist bisweilen nicht so einfach. Für manche Menschen ist es eine Schwierigkeit, einen Menschen mit ehrlichem und offenem Blick und lebendigem Interesse an seiner Persönlichkeit anzuschauen. Dies ist nicht eine Frage des Willens, sondern möglicherweise eine Frage des Muts, mit Sicherheit eine Frage der bisherigen Gewohnheiten und Erfahrungen. Lebendiges Interesse durch einen tiefen Blick in die Augen seines Gegenübers hat man möglicherweise bisher nur in Liebesangelegenheiten erfahren, aber nicht im Umfeld der gemeinsamen Arbeit. Nancy Kline, die amerikanisch-englische Kommunikationswissenschaftlerin, lässt in ihrem Buch einen beruflich erfolgreichen jungen Mann zu Wort kommen, der mit dieser Art des lebendigen und offenen Blickkontakts offensichtlich überfordert war: »Wenn ich an den Punkt kommen müsste, wo ich einen Typen so ansehen könnte, lange und mit dieser Art von Interesse, mit Gefühl und allem, dann hätte ich das Gefühl, die Grundpfeiler meines Lebens würden zusammenbrechen, und ich hätte überhaupt nichts mehr.«[56]

Wir wissen alle, dass diese Art des Blickkontakts eine große Herausforderung darstellt, denn sie konfrontiert uns mit uns selber. Je weiter wir aber auf dem Weg der Selbstklärung voranschreiten, je mehr wir in uns ruhen, umso müheloser wird uns diese Art des Blickkontakts gelingen. Wir werden unser Gegenüber mit offenen Augen anschauen, mit Empathie und Ver-

56 Kline 2016, S. 120.

ständnis seine Gesamtpersönlichkeit wahrnehmen und werden mit ihm in einen Austausch eintreten, der neue Dimensionen der Kommunikation und des gemeinsamen Arbeitens und Lebens ermöglicht.

Sie werden bemerkt haben, dass ich häufiger Formulierungen wie »mit lebendigem Interesse«, »mit Empathie«, »mit Wahrnehmungsgenauigkeit« u.a. verwende. Durch sie wird mit verschiedenen Worten der offene an der Entwicklung des anderen Menschen interessierte Blick umschrieben. Die Gegensatzpaare, die die Qualität dieses Einlassens umreißen, sind zuhören/selbst reden, wertschätzen/kritisieren, gelassen sein/kontrollieren, ermutigen/konkurrieren, fühlen/hart sein, exakte Informationen geben/verschleiern (und lügen) oder Diversität schaffen/Unterschiede verhöhnen[57]. Im Kapitel 5.1.2 *Andere verstehen statt zu (ver-)urteilen* habe ich schon einiges zu dieser Thematik gesagt und Ihnen eine Übung angeboten.

### 5.4.4 Vom Stotterer gelernt – der hörende Blick des Redners

*Wer es nicht schafft, einer anderen Person direkt in die Augen zu schauen, hat nicht genügend Standing.*
Reinhard Schleeßelmann, international tätiger Diplom-Ingenieur

Kennen Sie Menschen, die etwas von Ihnen wollen, aber nicht in der Lage sind, Ihnen dabei in die Augen zu schauen? Würden Sie freiwillig mit diesen Menschen zusammenarbeiten oder für diese Menschen arbeiten? Wenn uns dagegen jemand anguckt und wir das Gefühl vermittelt bekommen: »Ich bin mal sehr gespannt, was bei unserem Treffen herauskommt!«, dann fühlen wir uns doch viel wohler.

Im Gespräch sagte mir Reinhard Schleeßelmann, dass er sehr viel von einem stotternden Kollegen gelernt habe. Er hatte ihn gefragt, wie er ihn denn unterstützen könne, damit er die Dinge, die er zu sagen hat, trotz des Stockens im Redefluss aussprechen könne. Und die Antwort war: »Hör mir ruhig zu, zeige mir, dass du bei mir bist. Und zwar mit einem freundlichen, zu-

57 Ebda., S. 117.

gewandten ruhigen Blick, der meinem standhält.« Und diesen freundlichen unterstützenden und ehrlich interessierten Blick verwendet Schleeßelmann seitdem auch in normalen Besprechungen, damit Menschen, die mit Nervosität zu tun haben, bei ihm einen sicheren Punkt in der Runde haben. Und er berichtet begeistert, dass diese nonverbale Unterstützung die Menschen beruhigt und damit die Besprechungen positiv beeinflusst.

Die Qualität des Blickkontakts und seine Intensität lassen sich recht genau beschreiben. Nancy Kline fordert die Teilnehmer ihrer Denkrunden auf: »Lassen Sie Ihre Augen auf den Augen der denkenden Person ruhen, egal, was passiert. Schauen Sie nicht mal eine Sekunde lang weg. Wenn ein Feuer ausbricht, gebe ich Ihnen Bescheid. In allen anderen Fällen, sofern es nicht um eine schreckliche persönliche Notfalllage geht, sehen Sie dem anderen weiter in die Augen.«[58]

Zweierlei passiert. Man selber ist fokussiert, unterliegt kaum der Gefahr, sich ablenken zu lassen und bekommt genau mit, was die andere Person sagt und was von ihr ausgeht. Und die andere Person fühlt sich wahrgenommen und geschätzt, spürt das vitale Interesse an ihr und an dem, was sie von sich gibt, und hat so eine gute Chance, ihr Denken frei zu entwickeln. Dank des zugewandten Blicks der Hörer hat sie auch die Freiheit, gelegentlich woanders hinzuschauen und dann zu dem Blickkontakt zurückzukehren.

Üben Sie diesen Blickkontakt im Familienkreis oder mit Freunden und Bekannten. Er ist eine wesentliche Qualität der zugewandten Kommunikation und ein wichtiger Aspekt beim öffentlichen Reden. Paradoxerweise können Sie diese Blickqualität des intensiven Zuhörens als Redner verwenden und damit einen intensiven Kontakt zu Ihren Zuhörern aufbauen. Sie haben nicht nur Ihre Zuhörer im Blick, sondern in diesem Blick findet auch ein höchst lebendiger Austausch statt.

58 Ebda., S. 57.

## 5.5 Atmung und Charisma – Herr der Lage durch Wahrnehmung

*Sich des Atems bewusst zu werden, ist eine Möglichkeit, im gegenwärtigen Augenblick anzukommen.*
Thich Nhat Hanh, vietnamesischer buddhistischer Mönch

»Nun hol mal erstmal Luft!« Das kennen wir doch alle von früher. Unsere Eltern und Lehrer wollten uns damit beruhigen, damit wir unsere aufgeregten Gedanken zur Ruhe bringen und dann sprechen konnten.

Der Atem ist ein sehr zentraler Lebensbereich, unser Leben beginnt und endet mit einem Atemzug. Der Atem läuft automatisch, aber er ist höchst flexibel und reagiert auf Anforderungen und unseren Willen. Wir können seinen Rhythmus verändern, er zeigt unsere Emotionen, wir können über ihn unsere Emotionen beeinflussen, er bringt uns in Kontakt mit der Welt und mit uns selbst, zeigt uns, wenn etwas nicht stimmt, wenn ein anderer Mensch uns »die Luft zum Atmen nimmt« oder etwas »uns den Hals abschnürt«. Jeder Sänger, jeder Schauspieler, aber auch jeder Redner benutzt den Atem mit mehr oder weniger viel Bewusstheit.

Wenn Sie sich mit Yoga, Tai-Chi, Meditations- oder Atemtechniken beschäftigt haben, sind Sie vertraut mit der fein wahrnehmenden Nachverfolgung der Atembewegungen, ohne diese willentlich zu beeinflussen[59]. Diese Wahrnehmung spielt auch für uns Redner eine entscheidende Rolle, ermöglicht sie es uns doch, in engeren Kontakt mit uns selber zu kommen, uns zu zentrieren. Dazu bedarf es zunächst einmal nicht vieler Techniken, es genügt die achtsame Verfolgung der Bewegung.

! **Übung: Achtsamer Atem**

Sie können Ihre Wahrnehmung für die Atembewegung intensivieren, indem Sie Ihre Hände seitlich an die Rippen legen. Mit der Einatmung gehen die Rippen nach außen, mit der Ausatmung gehen sie nach innen, in der folgenden Pause ver-

59 Vgl. Middendorf 1984.

harren sie[60]. Allein die bewusste Wahrnehmung dieser Bewegungen verändert die Achtsamkeit, führt zu mehr Ruhe und Sammlung.
Sie können aber auch einmal versuchen, den Atem so laufen zu lassen, wie er momentan läuft, und durch innerliches Zählen feststellen, wie viele Sekunden Sie einatmen, wie viele Sie ausatmen und wie lange Sie Pausen machen. Schaffen Sie es, den Atem unbeeinflusst zu lassen?

Wenn Sie das nächste Mal Stress haben, vielleicht ist es ja schon heute oder morgen, probieren Sie, ob Sie mit einer der beiden Übungen Ihre Stresswahrnehmung beeinflussen können. Wenn Sie spüren, dass eine der beiden Übungen Ihnen nützt, können Sie sie weiter vertiefen. Durch Üben werden Sie vertraut mit ihnen, in Stresssituationen können Sie sie dann noch besser anwenden. Es ist dies eine gute Möglichkeit, vergleichbar dem in Kapitel 5.1.3 Dargestellten, bei sich und seiner Präsenz zu bleiben, statt sich von äußeren Einflüssen überwältigen zu lassen. Oder etwas locker formuliert: Herr der Lage zu sein, statt Sklave der Umstände.

Bei diesen Atemübungen geht es weniger um die Beeinflussung von Atemtiefe und Atemfrequenz, sondern vielmehr um die Wahrnehmungsgenauigkeit, also die Aktivierung der Sinne. Deshalb nun noch eine weitere Übung, mit der Sie Ihre Achtsamkeit weiter schulen können.

**Übung: Differenzierte Atembewegung** !

Die Atembewegung ist in der Tat etwas komplexer als bisher dargestellt. Legen Sie zwei Finger auf das obere Ende des Brustbeins, dorthin, wo die beiden Schlüsselbeine sich treffen, und verfolgen Sie die Bewegung dort[61]. Bei den meisten Menschen ist ein deutliches Heben und Senken parallel zu den unteren seitlichen Rippen spürbar. Verfolgen Sie eine Weile diese Bewegungen bzw. wenn Sie sie nicht spüren, stellen Sie sie sich vor und beobachten Sie, wie Sie sich verändern. Sind Sie zentrierter, fokussierter? Wenn Sie diese Übung eine Weile gemacht haben, können Sie probieren, ob Sie die Bewegung auch spüren können, wenn Sie Ihre Finger nicht dort haben.

60 In der Tat ist der Atem ein dreiteiliger Rhythmus, worauf Clara Schlaffhorst und Hedwig Andersen schon zu Beginn des 20. Jahrhunderts hingewiesen haben (vgl. Lang/Saatweber 2010).
61 Vgl. Hoffmann 2014, S. 122.

Legen Sie jetzt wieder Ihre Finger am oberen Ende des Brustbeins auf und probieren Sie, ob sich das obere Ende des Brustbeins weiter aufwärtsbewegen kann, während sich die Rippen schon wieder mit der Ausatmung einwärts bewegen. In der Gesangs- und Sprechpädagogik wird das als differenzierte Atembewegung bezeichnet. Das Brustbein bewegt sich also während der Ausatmung nach oben (und bei der Einatmung nach unten). Gelingt Ihnen das?

# 6 Ich rede – Sprechtechnik, Auftritt und Co

*Reden lernt man nur durch Reden*
Marcus Tullius Cicero, röm. Redner u. Schriftsteller (106 v.Chr. – 43 v.Chr.)

Die Hardware für gutes öffentliches Reden ist natürlich gutes Reden in dem Sinne, dass Sprache und Auftritt Ihre Intention ohne Einschränkung transportieren. Deshalb hier in knapper Form die wesentlichen Punkte, die Sie vermutlich in der einen oder anderen Form schon einmal bearbeitet haben. Wenn Sie tiefer einsteigen wollen, sollten Sie sich einen guten Atem-, Sprech- und Stimmlehrer, Sprecherzieher oder Gesangslehrer suchen, der Sie mit persönlichem Feedback fördern kann. Sie finden auch in meinen Veröffentlichungen[62] weitere Informationen zum theoretischen Hintergrund und ausführlichere Darstellungen, die ich hier in geraffter Form darstelle.

Zuerst kümmern wir uns mit einigen Übungen um die Vokale und Konsonanten, um den Klang der Stimme und um das, was Sie tun können, um auch in Stresssituationen mit raumfüllender und sonorer Stimme zu sprechen (Kapitel 6.1). Im folgenden Kapitel 6.2 *Frei von der Leber weg* geht es anschließend darum, wie wir mit einfachen rhetorischen Übungen unsere Souveränität stabilisieren können, auch wenn wir einmal unvorbereitet sprechen müssen. In Kapitel 6.3 *Außen und Innen* geht es um das Wechselspiel zwischen innerer Haltung und äußerer Wirkung, das wie bereits erwähnt spannenderweise in beide Richtungen funktioniert. Und schließlich schauen wir uns in Kapitel 6.4 *Auf die Bühne* konkret den Auftritt vor einer Versammlung oder auf einer Bühne an.

## 6.1 Das A und O

Bei der Formung der Konsonanten und Vokale geht es im Grunde nur um Bewegungen. Wenn Sie die im Körper angelegten Bewegungen ausführen,

62 »Die Stimme macht's« und »Ab jetzt ich selbst«, siehe Literaturverzeichnis.

werden Sie mit einer wohlklingenden und belastbaren Stimme und einer gut verständlichen raumfüllenden Sprache belohnt. Ihre Artikulationsorgane, also Kiefer, Lippen und Zunge, sind verantwortlich für Vokale und Konsonanten, der Atemapparat, also im Wesentlichen die Zwischenrippenmuskulatur des Brustkorbs, für die Energie in Ihrer Stimme. Den Ton – das, was wir hören – erzeugen die Stimmlippen im Kehlkopf. Die drei Bereiche funktionieren optimal, wenn der ganze Körper beweglich ist. Wir kümmern uns daher erst einmal hauptsächlich um Bewegungsformen der Artikulationsorgane und um die Beweglichkeit des ganzen Körpers. Der Einfachheit halber schlage ich Ihnen Übungen vor, die nach ein wenig praktischer Umsetzung sofort Ergebnisse zeigen sollten.

### 6.1.1 Vokale

Die fünf deutschen Grundvokale A, O, U, E und I können Sie vom A aus entwickeln. Die folgende Grafik zeigt, welches Artikulationsorgan sich für welche Vokalfarbe bewegt.

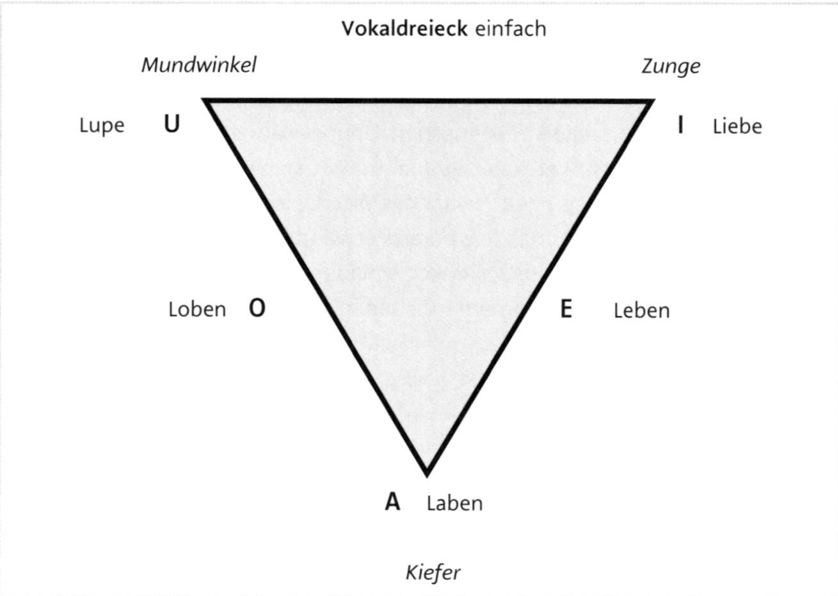


**Abb. 2:** Die fünf Vokale der deutschen Sprache

Machen Sie alle Übungen in einer mittleren Lautstärke (bei Bedarf laden Sie Ihren Nachbarn mit dazu ein …). In der ersten Übung verschleifen Sie die Vokale A O U O A (linke Seite des Dreiecks). Sie beobachten, welche der Artikulationsorgane sich bewegen. Vermutlich wird der Kiefer sich zum U etwas schließen und zum A wieder aufgehen, sehr wahrscheinlich wird die Zunge überhaupt nichts tun und die Hauptarbeit werden die Mundwinkel machen. Legen Sie gleich einmal die Finger in die Mundwinkel und verfolgen Sie den Weg der Mundwinkel, während Sie vom A nach U gehen. Richtig, die Mundwinkel schieben sich nach vorne, etwa einen Finger breit, und bewegen sich vom U zum A wiederum dieselbe Entfernung zurück. Parallel hebt und senkt sich der Kiefer. Versuchen Sie bitte einmal, beim A mit einer Kieferöffnung zu starten, die etwa eineinhalb Finger umfasst. Wie verändert sich der Klang? Starten Sie spaßeshalber einmal mit einer Kieferöffnung von ungefähr einem halben Finger und vergleichen Sie das Klangergebnis. Sie merken es sofort: Mit etwas größerer Kieferöffnung können Sie einen viel raumfüllenderen und kräftigeren Klang erzeugen.

Nun gehen Sie auf die andere Seite des Dreiecks und nehmen die Vokalfolge A E I E A, auch hier wieder als ein langer Klang, der die Farbe wechselt, bitte nicht unterwegs absetzen. Beobachten Sie die Bewegungen Ihrer Artikulationsorgane. Wieder wird sich der Kiefer zum I schließen und zum A öffnen, aber die Lippen werden jetzt neutral bleiben (sollten sie auch beim I) und die Zunge wird in einer rollenden, nach vorne gerichteten Bewegung die Farbe verändern. Experimentieren Sie auch hierbei mit der Kieferöffnung. Starten Sie vom A einmal mit einem gering geöffneten Kiefer und ein anderes Mal mit einem ca. eineinhalb Finger breit geöffneten Kiefer. Beobachten Sie die unterschiedliche Klangqualität.

Wir haben jetzt die fünf Grundvokale der deutschen Sprache geformt, es gibt noch jeweils die kurze Form der Vokale und drei Umlaute. Die Doppellaute sind jeweils aus zwei der Grundvokale zusammengesetzt.

Nehmen wir die Kurzform der Vokale, der Einfachheit halber finden Sie jeweils zwei Beispielworte, um klarzumachen, worum es geht: Laden – Latte, loben – Lotte, Lupe – lustig, lesen – lesbisch/läppisch, Liebe – Lippe.

Nachfolgend habe ich Ihnen das Vokaldreieck mit den entsprechenden Lauten (in der langen Form) und Worten ergänzt. Die Reihenfolge der Vokale ergibt sich aus den Lippen bzw. Zungenbewegungen.

**Vokaldreieck**

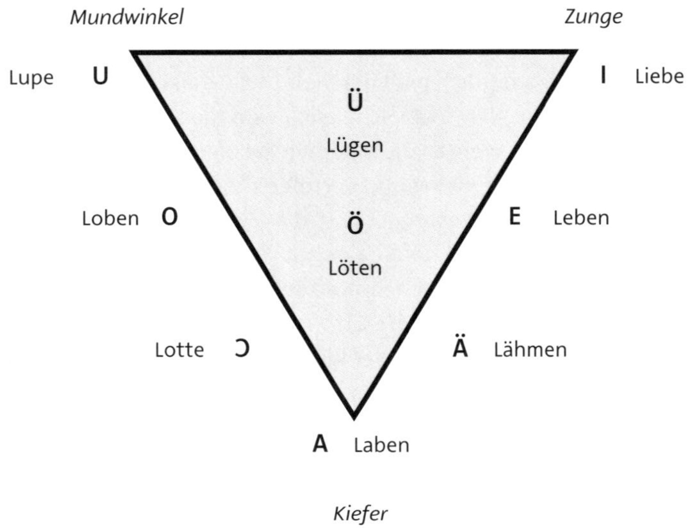


**Abb. 3:** Vokale und Umlaute der deutschen Sprache

Sie können auch die Vokalfolge noch einmal üben. Auf jeder Seite haben Sie nun vier Klänge.

Kümmern wir uns noch um die Umlaute Ä, Ö und Ü. Sie sehen, das Ä ist schon im Dreieck enthalten, auf dem Wege vom A zum E. Das Ü entsteht, wenn Sie vom U zum I gehen, sprechen Sie es gleich einmal und beobachten Sie, was sich bewegt. Vom U zum Ü bewegt sich die Zunge, indem sie sich nach vorn rollt, vom Ü zum I bewegen sich die Lippen, indem sie in die neutrale Position zurückgleiten. Haben Sie Ihren Spaß an den entstehenden Klängen, insbesondere bei den beiden gleitenden Bewegungen von Zunge und Mundwinkeln! Den Bewegungsablauf haben Sie in der nahezu gleichen Form noch einmal, wenn Sie vom O zum E gehen. In der Mitte zwischen O und E entsteht das Ö. Üben Sie auch dieses.

Die größte Herausforderung besteht darin, einen kompletten Kreis um das Dreieck zu laufen, vom A beginnend über U zu I und wieder zurück zu A. Gelingt es Ihnen? Ich gebe zu, dass es eine gewisse Herausforderung ist, diese vielen Bewegungen gleich zu einer großen umrundenden Bewegung zu koordinieren. Sie können die Umrundung auch andersherum machen, beim A beginnend über I zu U und zurück zum A. Es ist auch möglich, die obere Ebene U-I wegzulassen und schon bei O zu E zu wechseln. Ich hoffe, das Spielen mit den Vokalen hat Ihnen Freude gemacht – nun geht es zu den Konsonanten.

### 6.1.2 Konsonanten

Die Konsonanten sind im wesentlichen Explosiv-und Reibelaute, die für die Verständlichkeit der Sprache unabdingbar sind. Von der Funktion her haben sie eine ganz einfache Aufgabe: nämlich die Öffnung des Kiefers für den nachfolgenden Vokal. Genauer gesagt, im Verlassen des Konsonanten öffnet sich der Kiefer für den Vokal. Probieren Sie es mit Worten wie »Pause« oder »Tor« aus. Die Explosivlaute öffnen den Kiefer für den Vokal, der umso kraftvoller klingt, je schneller die Öffnungsbewegung vom Konsonanten zum Vokal ist. Dasselbe gilt für die Reibelaute und Halbklinger. Sprechen Sie »Laden« oder »rabenschwarz« und beobachten Sie sehr genau die Bewegung vom Ende des Konsonanten zum Beginn des Vokals. Wenn Sie diese Bewegung schnell machen, wird der Vokal kraftvoller werden. Wir brauchen beim Sprechen die Konsonanten nicht besonders zu betonen, denn die Sprache ist deutlich und verständlich, wenn der Konsonant die Öffner-Rolle für den Vokal übernimmt.

Betrachten wir zwei Spezialfälle, um uns diesen Gedanken noch einmal zu verdeutlichen. Bitte sprechen Sie laut mit sehr deutlich artikuliertem H: »Hinter Hermann-Hannes Haus hängen 100 Hosen raus.« Vermutlich werden Sie das H mit sehr viel Luft sprechen, es klingt relativ verhaucht und der Vokal danach nicht besonders kraftvoll. Ersetzen Sie nun das H durch ein W und sprechen Sie: »Winter Wermann-Wannes Waus wängen wundert Wosen raus« (ja, das ist etwas ungewöhnlich, Sie dürfen sich gerne amüsieren). Sprechen Sie das gerne noch einige Male und achten Sie darauf, dass sich am Ende von jedem W der Kiefer sehr klar öffnet. Sind die Vokale jetzt klarer, mit weniger Luft? Vermutlich. Jetzt sprechen Sie es noch ein letztes Mal mit W und beobachten sehr genau die Kieferbewegung, eventuell sogar mit einer Fingerspitze an Ihrem Kinn. Mit genau derselben Bewegung sprechen Sie nun den Originaltext. Vermutlich werden die Vokale jetzt klarer sein und das H vom zeitlichen Ablauf sehr viel kürzer. Indem Sie die Rolle des H als Öffner zum Vokal ernst genommen haben, hat sich die Vokalqualität verbessert. Obwohl das H kürzer geworden ist, ist die Sprache nicht weniger verständlich geworden.

Ein zweiter Spezialfall ist der anlautende Vokal, etwa in dem Wort »Adam«. Bitte sprechen Sie den folgenden Satz und achten darauf, dass das A sehr deutlich artikuliert wird: »Auf Adams altem Apfelbaum angeln achtzig Affen.« Vermutlich wird der Satz jetzt sehr scharf und hart klingen und auf Dauer die Stimme ermüden. Wir stellen uns daher vor, dass vor dem anlautenden Vokal ein imaginärer Konsonant steht. Diesen ersetzen wir wie in der vorigen Übung durch ein W: »Wauf Wadams waltem Wapfelbaum wangeln wachtzig Waffen.« Sprechen Sie es ein paarmal, bis Sie es locker hinbekommen. Auch hier beobachten Sie bitte, wie das W eine deutliche Öffnungsbewegung ermöglicht, gerne wieder mit einem Finger am Kinn. Genau dieselbe Bewegung führen Sie aus, wenn Sie jetzt wieder den Originaltext sprechen. Das A dürfte nun mit einem deutlichen Verschluss der Stimmbänder beginnen, aber nicht mehr die Härte und Schärfe haben wie zuvor. Die Öffnungsbewegung des imaginären Konsonanten ermöglicht es dem System, Vokale ohne Druck zu erzeugen.

Physiologisch dürfen wir uns das so vorstellen, dass die Stimmbänder zu Beginn der Phonation geschlossen sind und mit einem leichten Öffnungsgeräusch die Schwingung des A beginnen. Dafür benötigen sie aber keinen Luftdruck. Wenn Sie lauter sprechen wollen, intensivieren Sie nicht die muskuläre Steuerung der Lunge, sondern beschleunigen die Öffnungsbewegung. Probieren Sie es gerne aus, indem Sie den Satz mit W noch einmal sprechen und dabei die Bewegung von W zu A mit sehr hoher Geschwindigkeit und sehr plötzlich ausführen. Das ist sicherlich am Anfang etwas ungewohnt, aber der richtige Weg.

### 6.1.3 Sonorität und Raumklang

»Wer vorne steht und lehrt, musiziert, rezitiert oder eine Schauspielrolle spricht, muss lernen, den ganzen Raum dreidimensional zu fühlen und zu füllen. Es gibt … sechs Flächen und vier Ecken/Raumwinkel und der ganze

Raum dazwischen soll mit ... Körper- und Sprachbewegungen gefüllt werden. Anfänger meinen, man müsse laut reden, musizieren oder singen, damit der Raum in Schwingung versetzt wird. Es verhält sich aber so, dass der ganze Mensch dreidimensional schwingen muss, damit ihm der Raum folgt! Das ist auch das ›Geheimnis‹ von Ausstrahlung, die bis in die letzte Reihe und im hintersten Winkel spürbar ist.«[63]

Wünschen wir uns das nicht alle? Mit tiefer, voller und raumfüllender Stimme zu sprechen? Unsere Souveränität schon allein durch die sonore Stimme deutlich zu machen? Das ist in der Tat nicht allzu schwer. Und es nützt sowohl Männern als auch Frauen. Einerseits tragen die tiefen Frequenzen deutlich weiter als hohe Frequenzen (bei einer herankommenden Marching Band hören Sie zuerst die Bässe), wodurch die Stimme weiter entfernte Punkte im Raum erreicht und deutlich verständlicher ist. Andererseits vermitteln die tiefen Frequenzen Ruhe und Gelassenheit, weil sie nur entstehen können, wenn der ganze Körper an der Stimmproduktion beteiligt ist und keine Muskelgruppen festhalten.

Die Stimme transportiert perfekt unser Befinden, was wir aus der eigenen Erfahrung sehr gut kennen. Bei einer Person im Stress wird die Stimme häufig eng und schrill, manchmal hört man direkt den Druck in der Stimme, wenn jemand große Schwierigkeiten hat, und Wut führt bei Frauen und auch Männern gelegentlich zu Stimmaussetzern. Wenn also eine Person mit vielen tiefen Frequenzen in der Stimme, Sonorität, spricht, assoziiert unser Unterbewusstsein sofort innere Stressfreiheit, Gelassenheit, Souveränität und unterstellt damit automatisch eine hohe Kompetenz. Da lohnt es doch, die Tiefen der eigenen Stimme etwas auszubauen!

Bei der erwähnten Übung von A zu U haben Sie möglicherweise schon bemerkt, dass tiefe Frequenzen dazukommen. Probieren Sie jetzt, während Sie vom A zum U gehen, aus, den Kopf leicht zu bewegen, indem Sie die Nasenspitze um eine 1-Cent-Münze kreisen lassen. Hören Sie einen Unterschied? Jetzt sprechen Sie einen kurzen Übungssatz: »R<u>a</u>benschwarze R<u>a</u>dler sah ich r<u>a</u>deln am Rh<u>e</u>in.« Bei den vier betonten A (Unterstreichungen im Satz)

63 Sonnenschmidt 2011, S. 120.

dürfen Sie die Nase (also den Kopf) heben, um dem Kiefer mehr Platz für die Öffnungsbewegung zu geben. Vergleichen Sie den Klang ohne und mit Kopfbewegung.

Als dritten Schritt stellen Sie bitte ein Bein auf einen niedrigen Stuhl, einen umgekehrten Eimer o.ä., sodass der Oberschenkel ungefähr waagerecht ist. Legen Sie eine Hand in den Rücken, etwas über dem Steißbein in den Lendenwirbelbereich. Beugen Sie ein wenig das Knie, der Körper geht wenige Zentimeter nach unten. Spüren Sie eine Bewegung in der Lendenwirbelsäule? Wird das Hohlkreuz geringer?

Diese Bewegung kombinieren Sie jetzt mit den »Rabenschwarzen Radlern«. Jedes Mal, wenn sich die Nase zu einem der vier betonten A hebt, gehen Sie ein bisschen in die Knie, wenn sich die Nase wieder senkt, streckt sich das Knie wieder. Lassen Sie das A ein wenig länger klingen, sodass die Kopf- und Kniebewegungen etwas langsamer erfolgen können. Welche Auswirkungen hat das auf den Klang? Probieren Sie wieder ohne und mit Kopf- und Kniebewegung. Vermutlich werden Sie einen deutlichen Zuwachs an Sonorität hören und als Vibration im Brustkorb spüren.

Ja, natürlich, wenn Sie öffentlich reden, können Sie nicht mit diesen Bewegungen agieren. Sie dienen nur der Erforschung. Aber Sie können das Körpergefühl in den Alltag übertragen. Machen Sie jetzt noch einmal die Bewegung mit dem Fuß auf dem Eimer und registrieren Sie sehr genau, wie Ihr Körpergefühl bei dem sonoren Klang ist und was Ihre Ohren im Raum wahrnehmen. Dann stellen Sie sich normal hin, behalten aber dieses Gefühl der kleinen Bewegungen bei und verfolgen mit dem Ohr, ob die Qualität der Stimme erhalten geblieben ist. Sprechen Sie den Spruch noch einmal, ohne auf irgendetwas zu achten, keine Bewegung, nichts. Wie verändert sich die Stimme? Allein die Imagination reicht aus, um Ihrem Körper die Präsenz zu verleihen, die er zuvor in den Bewegungen erfahren hat. Dieses Prinzip werden manche von Ihnen aus dem Sport oder der Rehabilitation kennen.

Erinnern Sie sich bei Ihrer nächsten Rede während der Begrüßungsworte, bei denen Sie nicht so viel mentale Präsenz brauchen, an diese Übung, erlauben Sie sich ein wenig Flexibilität im Nacken und in den Knien und hören Sie zu, wie Ihre Stimme im Raum klingt. Sie werden erleben, dass Sie mit viel größerer Präsenz sprechen und auch viel mehr Sonorität und Raumklang wahrnehmen können.

### 6.1.4 Mit Augen und Ohren

Sie haben sicher alle schon einmal den Tipp gehört, beim Vortragen zu einer der Personen in der letzten Reihe zu sprechen. Da ist sehr viel dran, denn wir richten uns in unserer Wahrnehmung auf diese Person aus und erleben, ob die Person uns folgen kann oder nicht. Der Körper gleicht augenblicklich und automatisch die Stimmstärke an, sodass wir raumfüllend sprechen.

Diese Steuerung ist viel subtiler und für die Stimme gesünder, als die Aufforderung, lauter zu sprechen. Es geht um die Frage, wie Sie regulierend eingreifen. Die Stimmbänder selber, im Kehlkopf im sogenannten Adamsapfel gelegen, sind relativ klein, aber extrem flexibel. Sie können, und das ist hier das Spannende, die schwingende Masse verändern und damit zarte oder kraftvolle Töne erzeugen, je nachdem, wie viel Muskelmasse schwingt. Die Stimmbänder regeln je nach Situation ihre schwingende Masse, der benötigte Luftdruck und die Luftmenge werden von der Lunge zur Verfügung gestellt. Dieser Regelkreis funktioniert automatisch, ohne dass wir mental einzugreifen brauchen.

Wenn wir nun dem Körper die Aufforderung geben, lauter zu sprechen, wird in der Regel der Atemapparat aktiviert, d.h., Luftdruck auf die Stimmbänder gegeben. Nun müssen diese reagieren, was sie in der Regel auch tun, und die Stimme wird stärker. Da die Stimmbänder aber reagieren müssen und nicht mehr selber steuern, sind sie überfordert und erzeugen einen harten Ton, der sich aus einem zu hohen Luftdruck und damit einer schlechteren Schwingung ergibt. Bei manchen Menschen führt diese nicht optimale Schwingungsqualität zu Heiserkeit und gelegentlich sogar zum Stimmverlust. Bei fast allen Menschen ist diese forcierte Schwingung erlebbar, da der Frequenzreichtum insbesondere in der Tiefe verlorengeht. Im Unterbewussten nehmen wir als Zuhörer Unordnung und Stress wahr.

Wenn Sie also Ihre Stimme optimal nutzen wollen, vermeiden Sie direkte Befehle an den Körper wie »Sprich lauter!« Stattdessen können Sie den Regelkreis Stimmbandschwingung – Kieferöffnung – Energieversorgung (Luft) auf zwei Weisen beeinflussen. Die eine Weise hatte ich Ihnen im Abschnitt 6.1.2 bereits vorgestellt. Auf körperlicher Ebene haben Sie über die Kieferöffnung einerseits und über die Bewegung des Kopfs und der Knie andererseits eine Flexibilität im gesamten Körper geschaffen, sodass die gesamte Muskulatur mitarbeiten konnte. Hier ging es also um Flexibilität und in geringem Maße auch um Energieerhöhung. Eine zweite Möglichkeit, in den Regelkreis einzugreifen, ist die zu Beginn dieses Kapitels geschilderte Ansprache der Person in der letzten Reihe. Der Wunsch, mit der weit entfernten Person zu kommunizieren, erhöht die Präsenz aller drei Faktoren des Regelkreises in einer für das Tagesbewusstsein kaum wahrnehmbaren Art, wir empfinden es als automatische Steuerung. Das Wesentliche bei beiden Steuerungen ist, dass wir nicht direkt auf der Stimmebene eingreifen, sondern die Bedingung drum herum verändern, damit das System auf andere Weise agieren kann.

Eine weitere Steuerungsmöglichkeit des gesamten Systems besteht darin, in den Regelkreis Ohr-Sprachzentrum-Stimme einzugreifen. Wenn Sie allein im Raum sind, während Sie dies lesen, schnipsen Sie doch gleich einmal mit den Fingern oder klatschen in die Hände. In den meisten Räumen werden Sie ein kleines Echo hören, von einer glatten Wand oder einer Fensterfront reflektiert. Wiederholen Sie das Klatschen oder Schnipsen ein paarmal, bis Sie ganz sicher sind, das Echo zu hören. Jetzt sprechen Sie ein einfaches Wort mit gutem Vokalklang wie »Guten Tag« und hören auf das Echo der Vokale. Gelingt es Ihnen? Wie verändert sich die Stimme?

Als weiteres Experiment schirmen Sie bitte die Ohren mit den Händen ab, indem Sie die relativ flachen Hände mit geschlossenen Fingern rechts und links vor den Ohren rechtwinklig an den Kopf legen, sodass Sie einen Schalltrichter nach hinten haben (modifiziertes Hören, vgl. Fallbeispiel in Kap. 4.1.2). Wenn Sie jetzt sprechen, werden Sie erleben, dass sich die Sprache verändert. Sie haben den Regelkreis beeinflusst, indem Sie den Anteil des Schalls, den das Ohr direkt vom Mund kommend aufnimmt, abgeschwächt haben, sodass das Ohr mehr von dem Klang aufnimmt, der von den Raumflächen reflektiert wird. Wie verändert sich die Stimme? Kommt mehr Klang, füllt sich der Raum besser, entsteht mehr Sonorität? Vermutlich ja.

Dahinter steht, dass unser Ohr die Stimme, das Sprechen und das Singen in einem viel differenzierteren Maß steuert, als wir uns zumeist klarmachen. Der französische HNO-Arzt Alfred Tomatis[64] hat unter anderem herausgefunden, dass die Stimme nur diejenigen Frequenzen (des Obertonspektrums) wiedergeben kann, die das Ohr hört, und dass sich die Stimme unmittelbar und unbewusst verändert, wenn das Hören verändert wird (sog. Tomatis-Gesetze).

Und dies können wir uns beim Sprechen zunutze machen. Sprechen Sie noch einmal einen Beispielsatz mit dem modifizierten Hören. Merken Sie sich dabei bitte sehr genau, welcher Klang entstand, wie hohe und vor allem tiefe Frequenzen den Raum erfüllten und wie die Artikulation der Konsonanten war. Nun lassen Sie die Hände an den Ohren weg, bleiben aber exakt in dieser Qualität des Hörens. Und sprechen noch einmal. Vermutlich ist das Klangergebnis recht ähnlich dem des mit modifiziertem Hören Gesprochenen. Diese Übung darf man gern mit anderen Menschen gemeinsam machen, da der Effekt sehr viel besser erlebbar ist, wenn man ihn bei anderen Menschen hört.

Bei Ihrem nächsten öffentlichen Auftritt bitte ich Sie darum, einen der am weitesten entfernt sitzenden Menschen anzuschauen und zugleich die Ohren auf das Echo der am weitesten entfernten Wand zu richten und in dieser Präsenz zu sagen: »Guten Tag, meine Damen und Herren.« Freuen Sie sich über das Raumecho, die Präsenz Ihrer Stimme im Raum, die Sonorität und Aussprachequalität!

### 6.1.5 Wiederentdeckung: den Raum mit Charisma füllen

Zu jedem Auftritt gehört es, den Raum einzunehmen, den Saal mit der eigenen Präsenz zu füllen. Charismatischen Persönlichkeiten scheint das in die Wiege gelegt worden zu sein. Oder haben sie es erlernt?

Wenn Sie die Wahrnehmung über die drei unserer in der Kommunikation wichtigen Sinne intensivieren, steigern Sie Ihre Präsenz und damit Ihre Aus-

64 Vgl. Tomatis 1997 und 2000.

strahlung[65]. In der folgenden Übung bringen Sie lediglich das, was schon gesagt wurde, in einen Zusammenhang und erspüren die Wirksamkeit.

! **Übung: Zentrierung und Raum**

Sie machen die Übung am besten im Stehen. Wenn Sie sie in einer Gruppe durchführen, können Sie die Auswirkungen bei den anderen Teilnehmern gut studieren. Wir intensivieren die Wahrnehmung über unsere drei Sinne Sehen, Hören und Riechen.

Lassen Sie die vor Ihnen liegenden Bilder zu Ihnen strömen; die Augen nehmen sie auf. Sie sehen eine Wand, ein schönes Bild, technische Ausstattungen, Mobiliar oder eine bunte Blume und genießen, dass diese Bilder von den Lichtwellen zu Ihnen transportiert werden. Der vordere Raum fließt zu Ihnen.

Als zweiten Schritt nehmen Sie den Raum akustisch wahr. Vielleicht gibt es ein Vogelzwitschern oder Straßengeräusch, das durch die Fenster kommt, Geräusche auf dem Flur, das Ticken einer Uhr, das Lüfterrauschen eines Beamers. Haben Sie Spaß daran, insbesondere die Geräusche, die von der Wand hinter Ihnen reflektiert werden, wahrzunehmen. Der hintere Raum strömt durch die geöffneten Ohren zu Ihnen.

Sie haben jetzt eine Zentrierung in der Waagerechten erreicht. Der vor Ihnen liegende Raum kommt über die Augen zu Ihnen, der hinter Ihnen liegende über die Ohren. Sie stehen geordnet in der Mitte.

Als dritten Schritt nehmen Sie wahr, wie die Luft durch Ihre Nase in den Körper strömt. Wie riecht es? Wie frisch ist die Luft? Wie warm, wie kalt? Genießen Sie einige Atemzüge und erforschen Sie die Luftqualität. Viele Menschen verspüren hierbei eine stärkere Zentrierung und Fokussierung im inneren Kern, manche formulieren auch, dass sie eine senkrechte Achse empfinden. Welches der Bilder Ihnen in den Sinn kommt, ist nicht so entscheidend. Wichtig ist Ihre Bereitschaft, die Sinnesreize der Nase aufzunehmen. Versuchen Sie herauszufinden, an welcher Stelle auf dem Weg, den die Luft von der Nase bis in die Lunge nimmt, der Riecheindruck entsteht.

Sie sind jetzt aufgespannt zwischen vorderem und hinterem Raum über Sehen und Hören, in einem mittleren, oben und unten verbindenden Raum über das Riechen, gerne in der Vorstellung einer senkrechten Achse. Wie geht es Ihnen? Wenn Sie in der Gruppe geübt haben: Wie sehen Sie die anderen Persönlichkeiten?

In den Seminaren ist dies immer ein besonderer Moment. Alle sind gesammelt und hellwach, haben eine geordnete Ausstrahlung, häufig fällt bei den Rückmeldun-

---

65 Vgl. Hoffmann 2015, 37 f.

gen das Wort Charisma. Bereiten Sie sich auf Ihren nächsten wichtigen Vortrag oder Ihre nächste wichtige Besprechung im stillen Kämmerlein gerne auf diese Weise vor, damit Sie wohlgeordnet und mit charismatischer Ausstrahlung auf die Bühne schreiten.

## 6.2 Außen und Innen – Körpersprache als doppelter Spiegel

*Der Körper spricht genau in der Art, wie ein Mensch fühlt, denkt und handelt.*
Stefan Spies, Schauspieler und Trainer

»Wirkungskompetenz ist das Qualitätskriterium der Zukunft«, sagt Monika Matschnig, österreichische Volleyballnationalspielerin und Diplom-Psychologin mit dem Spezialgebiet Körpersprache[66]. Das Gesagte erreicht den Zuhörer nur, wenn man wichtige Inhalte mit dem Körper unterstreicht und Emotionen hineinlegt. Von einem mitreißenden Redner erwartet man Gestik und Mimik, aber auch Bilder und Geschichten. Daten, Fakten und Zahlen zu nennen reicht bei weitem nicht aus, sie bleiben nicht im Gedächtnis hängen[67].

Im Jahre 1967 untersuchte der iranisch-amerikanische Psychologe Albert Mehrabian die Bedeutung nonverbaler Elemente in der Kommunikation. Seine 7-38-55-Regel wird viel zitiert. Sie sagt im Kern aus, dass die Wirkung einer Mitteilung zu 7% auf den Inhalt zurückgeht, zu 38% auf die Stimme und zu 55% auf die Körpersprache.[68] Wenn auch Mehrabian die Regel später einschränkt »unless a communicator is talking about their feelings or attitudes, these equations are not applicable«[69], enthält sie doch sehr viel Wahrheit und entspricht im Wesentlichen den Beobachtungen, die wir im täglichen Leben machen.

66 Matschnig 2015.
67 Ebda.
68 Mehrabian 1967.
69 Mehrabian 1981.

Nachdem wir das Sachliche einer Präsentation oder eines Vortrags in der Regel sehr gut vorbereitet haben, stellt sich die Frage, wie wir uns auf die Wirkung der Stimme und die Körpersprache vorbereiten können, ohne eine Schauspielausbildung zu machen. Das A und O ist dabei die Authentizität, die Fähigkeit, auch bei einer Präsentation oder einer Rede vor einem großen Saal so zu sein, wie wir wirklich sind. Denn jeder Versuch, etwas darzustellen, wird vom Publikum sehr schnell durchschaut. Wenn wir uns so präsentieren können, wie wir wirklich sind, werden wir einen lebendigen Kontakt zum Publikum haben, werden wir offen und interessiert den Menschen in die Augen schauen können, bzw. wenn wir in einem großen Saal mit Scheinwerferlicht oder in die Videokamera sprechen, werden wir dieses imaginieren können (s. Kap. 8.6 *Ohne Blick – imaginierte Zuhörer*). Und wir werden unsere Begeisterung für das Publikum über Gestik und Mimik erlebbar machen und werden so agieren, wie es unserem Wesen entspricht. Mit anderen Worten, ein guter Rhetorikcoach wird die Individualität eines Menschen herausarbeiten und ihn darin unterstützen, diese zu zeigen.

### 6.2.1 Verströmen oder Heranziehen

Je genauer wir beobachten, wie Menschen mit einem Gesprächspartner, einer Gruppe oder einem Saal in Kontakt treten, umso mehr werden wir erleben, dass dies auf sehr unterschiedliche Weise geschehen kann. Und es ist spannend zu beobachten, wie unterschiedlich Menschen auf unterstützende Hinweise reagieren. Dem einen hilft der Hinweis, sich über den Atem in den Saal hinein zu verströmen, dem anderen hilft die Aufforderung, in der Vorstellung alle Menschen des Saals mit offenen Armen zu sich heranzuziehen. In beiden Fällen tritt eine deutliche Verbesserung der Präsenz und der Ausstrahlungskraft ein, andererseits berichten diese Menschen jeweils, dass sie sich wohler fühlen und dass es für sie passender ist, auf diese Weise zu agieren.

! **Übung: Verströmen oder Heranziehen**

Sie können die für Sie passende Variante herausfinden, indem Sie beim Sprechen Ihre Worte in der Vorstellung auf eine gerade Eisenbahnschiene setzen und sie bis zu dem Punkt reisen lassen, wo die beiden Gleise sich im Horizont treffen. Sie fixieren also mit Ihren Augen einen unendlich weit entfernten Punkt, bis zu

dem Sie sich verströmen. Das darf mit Atemkraft geschehen, Sie dürfen viel Luft verwenden, und Sie dürfen dies mit großen Armgesten unterstützen.
Fühlen Sie sich wohl dabei? Wenn nein, probieren Sie das Gegenteil. Sie breiten Ihre Arme aus und umfassen mit einer riesigen Geste während des Sprechens den ganzen Saal und ziehen ihn bzw. die Menschen alle zu sich heran, bis Sie sie – vorgestellt – bis an Ihre Brust gezogen haben und Ihre Hände auf Ihren Schultern zu liegen kommen (bei überkreuzten Armen). Wie fühlen Sie sich hierbei?
Wenn eine der beiden Übungen bei Ihnen eine deutliche Verbesserung bewirkt hat, können Sie auch dies nutzen, um Ihre nächste Rede auf diese Weise vorzubereiten.

Wenn Sie diese Übung in der einen oder anderen Weise angesprochen hat, finden Sie weitere Informationen dazu u.a. in den Werken von Romeo Alavi Kia und Christian Hagena (siehe Literaturverzeichnis).

### 6.2.2 Außen zeigt sich's – körperliche Selbstsicherheit

Wir brauchen Mut, um uns vor einem großen Saal so zu geben, wie wir wirklich sind. Das durfte ich erfahren, es haben alle Redner erfahren, die jemals geredet haben, und das werden alle Redner erfahren, die in Zukunft reden werden. In privater und vertrauter Umgebung macht es uns nichts aus, auf Menschen mit offenem Blick und lebendigem Interesse zuzugehen. Aber im beruflichen Umfeld, im Meeting, bei einer Rede gibt es Einschränkungen, wir sind nicht mehr bei uns. Und dieses mangelnde Selbst-Bewusstsein zeigt sich natürlich auch in unserem Blick, unserer Sprache und insbesondere unserer Körpersprache. In den Kapiteln 4 und 5 habe ich einige Gedanken dazu vorgestellt, wie wir in den Prozess der Selbstklärung eintreten können. Wie auch immer wir uns unserem Wesenskern nähern, damit wir unsere innere Stimme auch in Stresssituationen wahrnehmen können, der Erfolg des öffentlichen Auftritts – davon bin ich felsenfest überzeugt – hängt davon ab, wie sehr wir in uns ruhen und aus dieser Ruhe heraus mit den Menschen in Kontakt treten können.

Wir können diese Ruhe und Selbstsicherheit auch körperlich erarbeiten. Ob wir über geeignete Maßnahmen unsere innere Ruhe und Ausgeglichenheit verbessern, die dann körperlich sichtbar wird, oder ob wir an unserer Körperausstrahlung arbeiten, die dann unser Inneres beeinflusst, sollten wir ausprobieren. Möglicherweise funktioniert einer der beiden Wege besser. Hier eine Übung für die Verbesserung der Ausstrahlung, die auf der in Kapitel 5.5 bereits beschriebenen Übung aufbaut. Warum die körperliche Aktivität auf unsere Empfindungen zurückwirkt, lesen Sie im folgenden Kapitel.

! **Übung: Selbstsichere Ausstrahlung bewirkt Selbstsicherheit**

Diese Übung können Sie im Sitzen machen oder im Stehen, alleine oder besser noch in einer Gruppe. Ich beschreibe hier den Ablauf für eine Gruppe, als Einzelübung übertragen Sie es bitte entsprechend.

Sie stehen im Kreise und nehmen wahr, wie wach, lebendig, selbstsicher usw. die anderen Persönlichkeiten im Raum sind. Sie legen die Hände seitlich an die Rippen und beobachten die Atembewegung. Die Rippen werden sich bei der Einatmung nach außen bewegen, bei der Ausatmung nach innen. Wie groß ist die Rippenbewegung?

Als zweiten Schritt nehmen Sie eine Hand und legen Sie ans obere Ende Ihres Brustbeins, da wo das Brustbein auf die beiden Schlüsselbeine trifft. Legen Sie dort einige Finger auf. Die andere Hand verbleibt bei den unteren Rippen seitlich. Welche Bewegung spüren die Finger am Brustbein? Vermutlich eine parallele Bewegung zu den seitlichen Rippen, eine leichte Aufwärtsbewegung mit der Einatmung und eine kleine Abwärtsbewegung bei der Ausatmung. Diese Bewegungen sind erfahrungsgemäß sehr viel kleiner als die seitlichen. Nun dürfen Sie die andere Hand weglassen und beobachten nur noch die Auf- und Abwärtsbewegung des Brustbeins. Genießen Sie ca. zwölf Atemzüge lang die feine Bewegung. Sollten Sie keine Bewegung verspüren, stellen Sie sich diese Bewegung vor. Sie bleiben noch eine Weile bei der Bewegung und beginnen den Raum zu beobachten, die anderen Menschen, die Ausstattung, Bilder, die Landschaft vor dem Fenster. Registrieren Sie, was sich verändert hat. Fühlen Sie sich gesammelter, fokussierter? Wie selbstsicher fühlen Sie sich? Wie würden Sie jetzt die Konfrontation mit einem unangenehmen Menschen empfinden? In der Mehrzahl der Fälle ist eine deutlich wahrnehmbare Veränderung der Selbstsicherheit zu spüren. Die Teilnehmer ruhen mehr in sich, sind ruhiger und können von daher auch mit Stress und Provokation besser umgehen.

Lassen Sie nun Ihren Blick zu den anderen Menschen wandern, bleiben aber in der Wahrnehmung der Brustbeinbewegung. Welche Ausstrahlung haben die anderen? Wie hat sich die Körperpräsenz verändert im Vergleich zu vorhin? Wie schätzen Sie die Stabilität der Personen bezüglich Stress und Herausforderungen ein? Üblicherweise können Sie hier dasselbe bei diesen Menschen beobachten wie vorhin bei sich selber: eine gesteigerte Selbstsicherheit, überzeugende Selbstwirksamkeit und Souveränität.

Ich biete diese Übung gern in Seminaren an, wenn es darum geht, Selbstsicherheit und Ich-Stärke durch körperliches Verhalten zu unterstützen: Eine Provokation wird gemacht, das Verhalten und das Befinden sehr genau beobachtet, dann folgt die Übung mit der Brustbeinbewegung für einige Minuten, und dann eine erneute Provokation. Die Veränderungen sind üblicherweise deutlich erlebbar, die Teilnehmer schildern, dass sie sich von der Provokation wesentlich weniger getroffen fühlen und es leichter schaffen, neutral zu bleiben. Über eine feine Wahrnehmung der Brustbeinbewegung gelingt es also, dahin zu kommen, dass die aggressiven Worte ins eine Ohr hinein und aus dem anderen wieder herausgehen können, ohne innerlich auf viel Resonanz zu treffen.

Durch die Wahrnehmung der Körper- und der Atembewegungen wurde eine größere Selbstsicherheit erreicht. Es gelang dem Provokateur bei dieser Übung nicht mehr oder zumindest sehr viel weniger, die Menschen zu verunsichern und aus dem Lot zu bringen. Und das ist bei unfairen Angriffen sehr hilfreich. »Souverän mit unfairen Angriffen umgehen bedeutet, seine Emotionen kontrollieren zu können. Der Coolere gewinnt!«[70]

### 6.2.3 Rückwirkung – Kathedrale füllen macht Siegergefühl

Amy Cuddy, Sozialpsychologin an der Harvard Business School, untersuchte 2012 die Rückwirkungen von Körpergesten und -haltungen auf das Dominanzhormon Testosteron und das Stresshormon Cortisol[71]. Menschen in Erfolgssituationen oder Führungs- und Machtpositionen haben einen hohen Testosteron- und einen niedrigen Cortisolspiegel, Menschen unter Stress oder in Situationen der Unsicherheit haben umgekehrt einen niedrigen Testosteron- und einen hohen Cortisolspiegel. Ein hoher Testosteronspiegel bewirkt, dass man mutiger ist, Herausforderungen sucht und unter Stress besser denken und handeln kann. Ein niedriger Spiegel des Testosterons und ein hoher des Cortisols bewirken das Gegenteil: Mutlosigkeit, Unentschiedenheit und eine niedrige Stressresilienz.

70 Hermann-Ruess 2012, S. 189.
71 Vgl. Cuddy 2012.

In Fortsetzung des in der Einleitung geäußerten Gedankens »Wir sind glücklich, weil wir lächeln«, der auf den Forschungen von William James beruht, ist es naheliegend zu vermuten, dass bei einer Person, die Führungsgesten einnimmt, der Testosteronspiegel steigt und der Cortisolspiegel sinkt. Genau dies untersuchte Amy Caddy und fand die Annahme bestätigt. Man braucht nur für ca. 2 Minuten die entsprechende Siegerpose einzunehmen: nach oben gestreckte oder weit ausgebreitete Arme, Kinn hoch, Schultern zurück und ein strahlender, weit hinausgehender Blick.

Dies, so Cuddy, kann jeder von uns anwenden. Vor einem wichtigen Termin, einer Rede, einer Prüfung, einem Bewerbungsgespräch oder einer Verhandlung zieht man sich an einen unbeobachteten Ort zurück und spielt den Sieger oder den Erfolgreichen oder den Machtmenschen. Wenn wir dann einen Raum betreten, auf die Bühne schreiten oder dem Gesprächspartner gegenübertreten, haben wir eine Präsenz, die unsere Kompetenz zur Geltung bringt, ohne dass wir gelernte Körpergesten versuchen darzustellen.

Und dies, finde ich, ist der beeindruckendste Aspekt. Ich kann durch Gesten meine emotionale Verfassung und sogar meine Körperchemie verändern und bin dann gut vorbereitet, um mich Herausforderungen erfolgreich zu stellen. Ohne Show.

! **Fallbeispiel: Kathedrale füllen**

Nina ist Juniorprofessorin. Mit den hohen fachlichen Anforderungen kommt sie gut zurecht, aber sie wünscht sich mehr Selbstwirksamkeit, um im Gerangel der Professoren leichter agieren zu können. Wir üben vor der Gruppe einen herausfordernden Vortrag, bei dem auch fachlich knifflige Nachfragen und eventuell sogar unfaire Angriffe zu erwarten sind. Die Videoaufnahme zeigt, wie wacker sie sich schlägt, aber eine leichte Unsicherheit ist sichtbar.
Vor der Tür übt sie, wie sie mit einer großen langsam wachsenden ausladenden Geste eine Kathedrale füllt, wie ein Priester. Sie übt, mit der Kraft der Handflächen den Raum immer weiter auszudehnen, bis der große Raum komplett von ihrer Präsenz angefüllt ist. Dies darf sie gerne in der Rolle einer Priesterin (sie repräsentiert den Glauben, nicht sich selbst) machen, die am Schluss mit weit ausgebreiteten Armen alle Menschen in der Kirche erreicht. Es gelingt ihr sehr gut. Vor der Gruppe macht sie die Geste dann entweder sehr klein oder nur in der Vorstellung, bevor sie anfängt zu sprechen. Die Rückmeldungen aus der Gruppe sind eindeutig: absolute Kompetenz, Sicherheit, Fels in der Brandung, Souveränität, Charisma.

## 6.3 Auf die Bühne – so gelingt der Auftritt

*Klar, ich muss wissen, wie es geht. Aber absolut entscheidend ist meine Begeisterung, der Spaß, die Präsenz, hier und jetzt und genau in diesem Moment für dieses Publikum da zu sein.*
Robert Eller, Bariton, Gesangspädagoge, Chorleiter

Für den ersten Eindruck gibt es bekanntlich keine zweite Chance. Er entsteht innerhalb von Sekunden. Und er ist bestimmend für den weiteren Verlauf des Kontakts, der Rede, der Beziehung. Aber was ist er genau, dieser erste Eindruck? »Ausstrahlung können wir nicht sehen. Wir können sie auch nicht anfassen. Und trotzdem kann es jeder wahrnehmen«, erklärt Lutz Herkenrath in seinem Video »Ich bin. Also wirke ich«[72]. Der Redner selbst aber könne diese Ausstrahlung nicht wahrnehmen. Wir tun also gut daran, uns über diesen ersten Eindruck und unsere Wirkung auf andere Menschen sehr genau Gedanken zu machen.

### 6.3.1 5 Phasen – geklärter Ablauf schafft Sicherheit

Wann nimmt ein Publikum den Redner zum ersten Mal wahr, wann entsteht der berühmte erste Eindruck? Doch schon lange, bevor er spricht. Der Weg auf die Bühne zum Rednerpult oder zur Sprechposition vermittelt sehr viel. Selbst wenn der Redner wie bei manchen Shows durch eine Tür auf die Bühne tritt und nur 3-4 Schritte zu seiner Position hat, gibt es doch eine eindeutige Wahrnehmung der Ausstrahlung, ohne dass die Person ein einziges Wort gesprochen hat. Blickkontakt, Körperhaltung, Mimik, Gestik, Bewegung, Aussehen, all dies prägt unser Bild innerhalb von Bruchteilen von Sekunden. Wenn der Redner anfängt zu sprechen, ist der erste Eindruck zumeist schon lange abgespeichert.

Es hat sich bewährt, den Auftritt in einer einfachen Struktur darzustellen und für Publikum und Redner nachvollziehbar zu machen. Der Redner agiert sicher, weil er einem klaren Ablauf folgt, das Publikum erlebt einen souve-

72 Herkenrath 2015.

ränen und in sich ruhenden Redner. Es ist eine einfache Struktur, die der Wahrnehmung und Erforschung eines typischen Ablaufs dient, aber später auf die individuelle Redesituation angepasst werden muss[73].

Die grobe Struktur einer Redesituation besteht aus fünf Phasen.

1. Gehen
2. Ankommen
3. Kontaktaufbau
4. Reden
5. Beenden

**1. Gehen**

Bevor ich rede, muss ich erst einmal auf die Bühne kommen. Beim Gehen nimmt mich das Publikum optisch und häufig auch akustisch (Geräusch der Schuhe) wahr. Wie gehe ich? Zeigt mein Gang Motivation, Engagement, Selbstsicherheit, Souveränität? Wie bekomme ich einen solchen Gang hin?

Gehen Sie, wie Sie in der Stadt in ein Geschäft hineingehen, Sie sehen die Tür, gehen darauf zu und hinein. Dasselbe machen Sie im Saal. Sie sehen den Punkt auf der Bühne, wo Sie gleich stehen werden, und geben Ihrem Körper die Anweisung: »Geh dahin!« Ihr Körper wird relativ zielstrebig und natürlich über die Bühne schreiten, um diesen Punkt zu erreichen. Das Publikum nimmt eine Person war, die zielgerichtet und natürlich auf die Bühne geht.

Bevor Sie am Bühnenrand oder hinter der Bühne losgehen, ist es sinnvoll, sich noch einmal zu sammeln, die Konzentration zu finden. Man kann den Alltag ablegen, sich von den soeben geführten Gesprächen lösen und sich ganz der bevorstehenden Aufgabe widmen.

**2. Ankommen**

Das Ankommen ist ein wichtiger Moment. Hier lege ich meine Unterlagen zurecht, nehme den Präsenter in die Hand und konzentriere mich auf die ersten Sätze. Das Publikum nimmt wahr, wie sich die Person sammelt und die Konzentration findet, mit der sie gleich zu ihm sprechen wird.

73 Vgl. Hoffmann 2014, S. 128.

**3. Kontaktaufbau**

Sehr entscheidend ist dann der Blickaufbau. »Wenn Sie einen Vortrag halten, müssen Sie als allererstes eine vertrauensvolle Beziehung mit Ihren Zuhörern herstellen«, sagt Chris Anderson[74]. Diese vertrauensvolle Beziehung entsteht, wenn ich mit offenem interessierten Blick die Personen des Publikums anschaue. Offen heißt, dass ich bereit bin, etwas von mir preiszugeben und mir in die Augen schauen zu lassen. Interessiert heißt, dass ich mit lebendigem Interesse aufnehme, was mir von den Menschen entgegengebracht wird. So entsteht schon, bevor das erste Wort fällt, eine lebendige Wechselbeziehung zwischen dem Redner und den Menschen des Publikums. Dazu habe ich in Kapitel 5.4 *Hinschauen* schon einiges gesagt.

**4. Reden**

Erst danach beginnen Sie mit Ihrer Rede und halten dabei intensiv den Blickkontakt zu Ihren Zuhörern, wie ich es in Kapitel 8 *Augen beflügeln – der Funke springt über* noch näher ausführen werde.

**5. Beenden**

Die fünfte Phase ist dann die Beendigung Ihrer Rede und gegebenenfalls die Verabschiedung. Sie nehmen abschließend noch einmal Blickkontakt auf, in einer kleinen Runde mit jedem einzelnen, in einer größeren Runde exemplarisch mit einigen. Das geschieht üblicherweise während der letzten Worte, kann aber auch je nach Situation und insbesondere dann, wenn es Beifall gibt, auch danach erfolgen. Mit dem Lösen des Blickkontakts ist die Rede beendet.

**Fallbeispiel: Innere Ordnung des Auftritts** !

Juliane ist eine Geophysikerin, die ihre Promotionsarbeit abgeschlossen hat und jetzt vor der sogenannten Verteidigung steht. Sie muss dort über ihre Arbeit sprechen und anschließend fachlich anspruchsvolle Fragen beantworten. Das Gremium ist nicht besonders groß, besteht nur aus wenigen Personen, der Stress ist aber extrem hoch, da von deren Beurteilung die Gesamtzensur abhängt. Juliane ist inhaltlich bestens präpariert und hat auch einen langen Katalog möglicher Fragen erarbeitet. Sorge macht ihr der Ablauf der Präsentation. Im Vorfeld macht

74 Schmidt 2017.

sie sich die Struktur bewusst: Tür auf, Gehen, Platz nehmen, Unterlagen ordnen, PC einrichten, Blickkontakt zu jedem, erste Worte. Schon beim Üben wird Juliane ruhiger, sieht der Situation mit mehr Gelassenheit entgegen. Nach dem Termin ist sie begeistert. »Ich war sehr viel ruhiger als erwartet, hakte innerlich die einzelnen Phasen ab und konnte mich dann ganz auf die Präsentation und die Fragen konzentrieren. Hätte ich vorher nicht für möglich gehalten!«

! **Fallbeispiel: Ankommen und Sammlung**

Alexander ist Referendar für Sport und Geographie. In der Schulung geht es um den ersten Moment in der Klasse, den Lehrer häufiger am Tag erleben. Er findet es schwierig, die Klasse zur Ruhe zu bringen. Er demonstriert, wie er den Unterricht beginnt. Zügig betritt er das Kassenzimmer, holt schnell seine Unterlagen aus der Tasche und beginnt mit »Guten Morgen!« Ich schlage ihm stattdessen vor, dass er, nachdem er am Pult angekommen ist, seine Unterlagen aus der Tasche holt und sich auf das konzentriert, was in dieser Stunde stattfinden wird. Erst wenn ihm dies total präsent ist, soll er mit dem Blick die Klasse erfassen und die Begrüßung sprechen. Alexander berichtet nach der Umsetzung begeistert: »Es war unbeschreiblich! Die Klassen waren durch die Bank weg ruhig und konzentriert, der Unterricht lief so mühelos wie noch nie. Und das nur dank meiner Sammlung und Konzentration auf die Inhalte der kommenden Stunde.«

### 6.3.2 Ihre natürliche Wirkung: souverän – kompetent – engagiert

Authentizität ist ein großes Schlagwort, es wird bisweilen zu viel bemüht. In unserem Zusammenhang bedeutet es, sich so zu präsentieren, wie man wirklich ist. Oder andersherum: kein Bemühen um antrainierte Körpergesten, keine künstlichen verschrobenen rhetorischen Formeln und keine willensmäßigen Befehle wie »Lächeln« oder »Hand bewegen«. Denn diese Dinge gehören zu einer langjährigen Schauspielausbildung, sie sind hier nicht zu leisten. Das Bemühen ist einzig und allein, sich so zu präsentieren, dass die eigene Persönlichkeit sichtbar und Kompetenz erlebbar wird. Dabei sind drei Stichworte wichtig: Souveränität – Kompetenz – Engagement.

Kompetent wirken Sie, wenn Sie sich fachlich optimal vorbereitet haben. Neben dem Inhalt gehört dazu auch die Medienkompetenz, d.h., Sie haben sich genau überlegt, mit welchen Medien Sie Ihren Vortrag oder Ihre Präsentation begleiten (Beamer, Flipchart, Tafel, Pinnwand) und wie Sie was in welchem

Moment einsetzen. Dazu gehört auch, dass Sie sich mögliche Fragen (mit Ihren Antworten darauf) notieren. Dazu gehört auch, dass Sie wissen, wer von den anwesenden Personen ebenfalls über Kompetenz auf diesem Sachgebiet verfügt. Und es gehört auch dazu, auf Störungen vorbereitet zu sein, soweit man sie voraussehen kann. Aber man kennt ja seine Pappenheimer ...

Engagiert wirken Sie, wenn Sie wissen, wo Sie hinwollen, wenn Ihnen absolut klar ist, mit welcher Zielorientierung Sie sprechen. Wollen Sie informieren, motivieren, zur Diskussion anregen, Aufgaben verteilen etc.? Ihre Entscheidung beeinflusst Ihre Vortragsweise und den gesamten Auftritt.

Und schließlich geht es um die souveräne Wirkung und Ausstrahlung. Die Sprache ist auf Vordermann gebracht, sodass Sie von jedermann bestens verstanden werden, Ihr Stimmklang ist tragfähig und sonor, die Sprachmelodie anregend und die Schwerpunkte des Inhalts unterstützend. Sie haben sich mit Ihrem Lampenfieber angefreundet, sodass es Sie jetzt nicht mehr behindert, sondern durch erhöhte Wachheit und Lebendigkeit Ihren Vortragsstil unterstützt. Haltung und Bewegung unterstreichen Ihre Kompetenz und lassen Sie kraftvoll auftreten. Sie haben Ihren Blick erforscht, Sie haben Spaß daran, Menschen anzuschauen, die Details aufzunehmen und ihre Reaktion auf das Gesprochene zu verfolgen. Und Sie bringen Sprache und Blick in einen sinnvollen Zusammenhang.

Unter diesen Voraussetzungen treten Sie innerlich geklärt mit einer anregenden Vorfreude vor Ihr Publikum und können souverän und begeisternd agieren. Sie freuen sich an den offenen, auf Sie gerichteten Blicken und schauen ebenfalls offen und direkt zurück. Eine beide Seiten bereichernde und inspirierende Kommunikation wird die Folge sein.

## 6.4 Frei von der Leber weg – so einfach ist die freie Rede

*Das menschliche Gehirn ist eine großartige Sache:*
*Es funktioniert vom Augenblick der Geburt an – bis zu dem Moment,*
*wo man aufsteht, um eine Rede zu halten.*
Mark Twain, amerikanischer Schriftsteller (1835–1910)

»Sie sollen Ihren Vortrag nicht aufsagen, Sie sollen ihn leben«, sagt Chris Anderson, Chef der US-Ideenkonferenz TED. Er feilt bei vorbereiteten Reden »vorab mit den Referenten an allen Details, präzisiert die Botschaften, schärft die Sprache.«[75] Und er empfiehlt, anschließend das Manuskript in den Papierkorb zu werfen und entweder auswendig vorzutragen oder spontan auf der Bühne zu formulieren. Was aber ist mit einer spontanen Rede? Einer Argumentation im Meeting oder in der Podiumsdiskussion? Der Herleitung eines Gedankens auf die Frage eines Studenten oder Kollegen? Da brauchen Sie eine innere Landkarte, ein spontan und ohne viel Vorbereitung mit Inhalt füllbares Konzept.

### 6.4.1 Sauber klären – 4-Satz-Argumentation

Dieses ist ein Hilfsmittel für kurze Redebeiträge zur Darstellung eines Arguments, wie man es für Statements, Stellungnahmen und in Diskussionen braucht. Nach einigen Probeläufen beherrschen Sie es ohne Vorbereitung. Hierbei kommt es darauf an, dass man seine Argumente nicht alle in einem Satz herunterspult, sondern jedes einzelne in mehreren Sätzen darstellt. So bekommen einerseits die Argumente die ihnen zustehende Gewichtung und werden damit besser wahrnehmbar, andererseits werden Sie selbst nicht sprachlos, indem Sie alle Ihre Argumente im ersten Satz verschießen, was insbesondere bei Diskussionen von großer Wichtigkeit ist.

Die Struktur ist einfach und besteht nur aus fünf Sätzen.

75 Schmidt 2017, S. 87 f.

1. Benennung des Themas und der Ausrichtung der Argumentation (dafür/dagegen)
2. These/Argument
3. Wiederholung in anderen Worten
4. Beispiel, möglichst emotional
5. Zusammenfassung in wieder neuen Worten

Damit Sie eine klarere Vorstellung haben, wie das Ganze in der Praxis funktioniert, hier ein Beispielthema:

*Meine sehr verehrten Damen und Herren, ich begrüße Sie zur heutigen Podiumsdiskussion »30 km/h in Wohngebieten«.* **(Ausrichtung)** *Lassen Sie uns zuerst Argumente anschauen, die für eine Einführung der Geschwindigkeitsbegrenzung sprechen.* **(These)** *Sofort ins Auge fällt die Sicherheit von Fußgängern.* **(Wiederholung)** *D. h., die Unfallhäufigkeit zwischen Autos und Fußgängern wird – das belegen Forschungen eindeutig – erheblich zurückgehen.* **(Beispiel)** *Denken Sie nur an den Kindergarten XY, der kürzlich wegen des verunglückten Kindes in den Medien war. Das Kind war auf die Straße gelaufen, der Autofahrer konnte aufgrund der Geschwindigkeit nicht mehr bremsen. Tragische Situationen dieser Art dürften mit einer auf 30 km/h reduzierten Geschwindigkeit sehr viel seltener vorkommen.* **(Zusammenfassung)** *Sie sehen also, allein der Sicherheitsgewinn für Fußgänger spricht für eine Einführung von 30 km/h in Wohngebieten.*

Wie Sie ohne Vorbereitung das Argument bzw. die These finden? Dazu haben Sie doch jede Menge Zeit. Während Sie das Thema vorstellen und die Richtung der Gedanken angeben, fällt Ihnen auch bei Themen, die Ihnen nicht so geläufig sind, in der Regel ein Argument ein.

**Übung: 4-Satz-Argumentation** !

Üben Sie diese Art der Argumentation mit alltäglichen Themen, bis sie Ihnen in Fleisch und Blut übergegangen ist. Benutzen Sie deutlich abgesetzte Sätze, um sich selber immer wieder klarzumachen, wo Sie sich befinden.
Das Thema und die Richtung der Argumentation, also ob Sie dafür sprechen oder dagegen, sind der erste (und zweite) Satz. Deutlich getrennt wird dann das Argument genannt. Ihnen fällt kein Argument ein? Üben Sie es im Geiste mit alltäglichen Themen, z. B. Geschwindigkeitsbegrenzung – Sicherheit; freie Fahrt – Zeitersparnis; Flugzeuggröße – Effizienz; Frei reden – lebendiger Kontakt; Reduzie-

rung der schulischen Hausaufgaben – Raum für Kreativität usw. Probieren Sie aus, was sinnvoller ist und Ihnen besser liegt, entweder »Ich finde ...« oder »Lassen Sie uns Argumente betrachten, die ...«. Beim obigen Beispiel merken Sie, dass »Ich finde, dass die Fußgänger viel sicherer sind« die schwächere Argumentation ist im Vergleich zu: »Sofort ins Auge fällt die Sicherheit der Fußgänger.«
Besonderes Augenmerk braucht die Wiederholung mit neuen Worten. Den meisten Menschen fällt diese sehr schwer, wobei die Vorteile dieses zweiten Satzes der Argumentationskette offen auf der Hand liegen. Zum einen verweile ich mit einem weiteren Satz bei meiner These, was diese stärkt, zum anderen benutze ich neue Worte, die andere Zuhörer erreichen als die, die ich mit der ersten Formulierung angesprochen habe. Wenn es Ihnen schwerfällt, dasselbe noch einmal mit anderen Worten zu sagen, üben Sie es. Es ist keine Hexerei. Ein erster Anhaltspunkt, um sich hineinzufinden, ist einfach die Aussage umzudrehen. Im obigen Beispiel ist das Stichwort der These »Sicherheit«, das des zweiten Satzes »Gefährdung« bzw. »Unfallhäufigkeit«.
Das Beispiel fällt in der Regel leicht. Gut ist eines aus dem persönlichen Erfahrungsschatz, weil es dadurch sehr viel authentischer wirkt und wir bei seiner Formulierung einen geringen mentalen Aufwand haben. Und: Je emotionaler, umso wirkungsvoller. Der vierte Satz ist dann die Zusammenfassung, die man auch gern einleiten darf mit »Zusammenfassend sehen Sie also ...«
Üben Sie diese Art der Argumentation bei Ihren nächsten öffentlichen oder halböffentlichen Auftritten wie beim Elternabend, im Sportverein, in Geschäften, mit Freunden und Bekannten ... Sie werden erleben, dass Sie sehr viel sicherer und klarer reden werden und dass die Menschen Ihnen besser folgen als zuvor. Die Klärung der Redestruktur hat Ihnen zugleich auch mehr Selbstwirksamkeit gegeben.

### 6.4.2 Perfekt darstellen – 5-Finger-Rede

Zusammenfassungen oder die Beleuchtung einer Angelegenheit von verschiedenen Seiten sind etwas komplexer, aber ebenso leicht anhand eines Gerüsts spontan zu erarbeiten. Mit einiger Übung werden Sie mit der Methode 5-Finger-Rede ruhig nach vorne gehen, Ihr Publikum anschauen und mit Ihrer Darstellung überzeugen. Hintergrund dieser Arbeitshilfe ist es, stets am roten Faden zu bleiben und doch frei zu sprechen, Inhalte spontan einzufügen oder anderes zu kürzen. Damit Sie selber wissen, wo Sie sind, können Sie jeden der Aspekte, unter denen Sie das Thema beleuchten, einem Finger zuordnen. Wer sich Dinge leichter merken kann, indem er sie körperlich oder räumlich zuordnet, wird hieran Gefallen finden.

| | | |
|---|---|---|
| 1 | Was – Benennung der Sache/Angelegenheit | sachlich |
| 2 | Worum geht es/Beschreibung | sachlich |
| 3 | Was lernt man dabei/was hat man davon | sachlich |
| 4 | Warum mache ich es gerne/warum nützt es mir | persönlich/emotional |
| 5 | Was ist das Beeindruckendste/Bewegendste | persönlich/emotional |

Auch hier eine kurze Beispielrede für ein Hobby:

(1) *Mein Hobby ist das Fußballspielen.* (2) *Zwei Mannschaften mit zehn Feldspielern und einem Torwart stehen sich auf einem Platz gegenüber und versuchen den Ball jeweils ins gegnerische Tor zu schießen. Das Spiel dauert 90 Minuten, wobei die Mannschaften in der Halbzeit nach 45 Minuten die Seiten wechseln. Das Einhalten der Regeln wird von einem Schiedsrichter, bei größeren Spielen auch von Linienrichtern überwacht. Fußball wird weltweit in allen Altersklassen gespielt. Die Berichterstattung über den Laien- und Profifußball findet in sämtlichen Medien einen breiten Niederschlag.* (3) *Das Wichtigste beim Fußball ist der Teamgeist. Wenn die Mannschaft über den riesigen Platz verteilt ist, muss man so gut aufeinander eingespielt sein, dass man sich ohne lange Erklärungen versteht, bei gut eingespielten Teams geschieht dies sogar ohne Zuruf. Fußball fördert die körperliche Fitness. Laufen, Konditionsarbeit und Ballübungen sind fester Bestandteil des Trainings.* (4) *Fußball ist für mich der ideale Ausgleichssport für meine bewegungsarme berufliche Tätigkeit. Hier agiere ich mich körperlich aus, stärke meine Fitness und Gesundheit und arbeite über lange Zeit im Team zusammen. Es haben sich Freundschaften gebildet, die Fußballmannschaft ist für mich weit mehr als ein Sportverein. Man geht – nicht nur sportlich – zusammen durch Hochs und Tiefs.* (5) *Mein tollstes Erlebnis war, dass unsere Mannschaft durch ein von mir geschossenes Tor den Ligaaufstieg schaffte.*

**Übung: 5-Finger-Rede** !

Bereiten Sie Ihre erste 5-Finger-Rede schriftlich vor. Benutzen Sie dazu der Einfachheit halber für das erste Mal Ihr Hobby bzw. eines Ihrer Hobbys. Schreiben Sie in fünf Zeilen nach dem obigen Muster auf, was Ihnen dazu in den Sinn kommt. Bitte nur Stichworte. Wenn Sie die Zeilen 2-5 gut gefüllt haben, kommt der nächste Schritt: das Wichtigste herausfiltern. Unterstreichen Sie in jeder Zeile das

Wort, das den Zeileninhalt zusammenfasst und/oder Ihnen als Erinnerungsstütze für den gesamten Zeileninhalt dient.
Jetzt sprechen Sie jedes der fünf Worte laut aus, indem Sie es mit einem Finger verbinden, den Sie deutlich hochhalten. Daumen – Fußball, Zeigefingerfinger – Tor, Mittelfinger – Team, Ringfinger – Ausgleich, kleiner Finger – Aufstieg. Bitte Zettel umdrehen und das gleiche aus der Erinnerung. Klappt's? Also, Zettel noch einmal zurückdrehen und die Wörter lesend laut memorieren. Jetzt wieder den Zettel umdrehen und das Ganze aus der Erinnerung sprechen.
Im nächsten Schritt sagen Sie zu jedem Finger so viel, wie Sie zu sagen haben, gerne mehrere Sätze. Allerdings sagt man nur das, was zu diesem Finger gehört. Entweder Sie halten den Finger hoch oder, was meistens angenehmer ist, berühren den Finger mit den Fingern der anderen Hand. In obigem Redebeispiel ersetzen Sie die 1 durch den Daumen, die 2 durch den Zeigefinger usw. Klappt das? Wenn Sie ein paarmal mit alltäglichen Themen geübt haben, sollten Sie sich komplizierteren Themen, insbesondere auch Themen aus Ihrem beruflichen Umfeld, zuwenden, um es schließlich spontan und ohne Vorbereitung hinzubekommen.

# Teil 3

## Die Augen führen – genießen Sie

Der dritte Teil bringt uns unserer Vision der authentischen, offenen und zugewandten Kommunikation näher, indem wir unseren Blick weiten und einige Anwendungsmöglichkeiten anschauen. Wir werfen einen Blick auf theoretische Konzepte, betrachten den Prozess näher und erfreuen uns schließlich an dem feinen und eleganten Tanz der Kommunikation. Am Ende steht ein tiefgreifendes Verständnis für das belebende Wechselspiel zwischen Sprechern und Zuhörern, für die differenzierten Prozesse der gegenseitigen Anregung und Beeinflussung und für eine neu erfahrene Qualität des lebendigen Blickkontakts als Brücke zwischen unseren Zuhörern und uns.

# 7 Theoretischer Hintergrund

*Ich höre und vergesse. Ich sehe und erinnere. Ich tue und verstehe.*
Konfuzius, chinesischer Philosoph (um 551 v. Chr. – um 479 v. Chr.)

Der Wert des theoretischen Lernens wird häufig zu hoch eingeschätzt, worauf uns schon vor über 2500 Jahren Konfuzius hingewiesen hat. Trotzdem möchte ich Sie zu einigen theoretischen Betrachtungen einladen und Sie bis zu einem gewissen Maße auch dafür begeistern. Denn beim theoretischen Durchdringen der Materie erweitert man seinen Horizont und kann sich anschließend mit praktischen Übungen beschäftigen, um das theoretisch Erworbene in der Erfahrung zu verankern. Dieser zweite Schritt ist der entscheidende, deshalb haben Sie auch bisher schon über das gesamte Buch verstreut immer wieder Übungen vorgefunden.

Für die theoretische Fundierung spricht zusätzlich, dass unser allgegenwärtiger und stets hoch wachsamer Verstand so die Möglichkeit bekommt, zu verstehen, und das beruhigt ihn. Aus dieser Verstandesruhe heraus sind dann die Prozesse möglich, die mit Neugier, Experimentierfreude und Sich-darauf-Einlassen zu neuen Erfahrungen führen.

## 7.1 Keine Einbahnstraße – Forschungen

*O. k., das ist neu. Habe ich noch nicht so betrachtet. Ich bin gespannt ...*
Horst Tauber, geschäftsführender Gesellschafter
der TauberConsult GmbH

Die dargestellten Theorien sind eine Auswahl aus dem Bereich der Kommunikationsforschung und Kommunikationspsychologie. Jede diese Theorien bringt in uns eine andere Saite zum Schwingen. So hoffe ich, dass jeder Leser die eine oder andere Anregung bekommt, um mit einer feineren und genaueren Wahrnehmung die Wirkprozesse in der Kommunikation zu betrachten und zu erleben. Und um mit lebendigem Interesse das weiter zu vertiefen, was ihn speziell angesprochen hat.

### 7.1.1 Nicht für Statisten – Charles Goodwin

Wir sprechen zu den Menschen – aber in demselben Moment stellen wir uns auch auf sie ein und lassen uns von ihnen beeinflussen. Charles Goodwin, Professor für angewandte Linguistik an der Universität von Kalifornien in Los Angeles, hat einige Grundprinzipien beschrieben, die dieses Wechselspiel zwischen Sprecher und Zuhörer näher beleuchten.

**Interaktive Struktur**

Wenn wir sprechen, schauen wir eine Person an, richten unsere Rede an sie. Dadurch verändert sich unsere Sprache, wir verwenden andere Worte und andere grammatikalische Konstruktionen, und das immer wieder aufs Neue, wenn wir eine andere Person anschauen. Dies im Hinterkopf habend, werden wir unsere Zuhörer zukünftig noch bewusster ins Auge fassen, da dadurch die Sprache persönlicher und auf die jeweilige Person zugeschnitten wird. »Speakers … construct coherent, grammatical sentences, not into the air, but for hearers who are actually attending them. … Speakers also reconstruct utterances … as gaze is moved from one type of hearer to another«, erläutert Goodwin sein Forschungsprojekt[76]. Der Hörer wirkt also auf den Sprecher zurück, in dem sich sogar Satzbau und Grammatik nachweislich ändern, wenn dieser eine andere Person anschaut.

**Geschichten erzählen**

Geschichten, sagt Goodwin, sind vielschichtige Interaktionen mehrerer Menschen. In ihnen spielen nicht nur die Rede des Sprechenden, sondern auch die innere Einstellung und die körperlichen Reaktionen der Zuhörer eine entscheidende Rolle. Der Verlauf der Geschichte wird also zu einem gewissen Maße von den Zuhörern mitbestimmt.

**Der Zuhörer ist kein Statist**

Der Zuhörer, das dürfen wir uns immer wieder vor Augen führen, ist weit mehr als ein passiv Lauschender, auch wenn wir das sehr häufig gar nicht bewusst wahrnehmen bzw. wahrnehmen können. »Thus a hearer is not just a structural category, an addressee, but someone who displays detailed ana-

76 Goodwin, http://www.sscnet.ucla.edu/clic/cgoodwin/projects.htm 22.04.17.

lysis of, and stance toward, the unfolding structure of the talk in progress through visible embodied displays.«[77] Der Zuhörer greift also in den Prozess ein und steuert ihn aktiv mit, es entsteht ein Wechselspiel. »The analysis presented here would indicate that … the talk produced within a turn is not merely the result of the actions of the speaker, but rather is the emergent product of a process of interaction between speaker and hearer.«[78]

### 7.1.2 Die Augen sind früher – Judith Holler und Kobin Kendrick

Erstaunliches haben Judith Holler und Kobin Kendrick am Max-Planck-Institut für Psycholinguistik in Nijmegen, Niederlande, herausgefunden. Sie untersuchten die Augenbewegungen in Gruppengesprächen und fanden heraus, dass »gaze shifts by unaddressed participants toward next speakers precede the end of the current turn«[79]. Die Augen der Zuhörer sind also schon beim nächsten Sprecher, bevor dieser spricht. Beeindruckend. Das bedeutet, dass wir unsere Vorstellung von der Steuerung eines Gesprächs gerne noch einmal überdenken dürfen. Unser bewusster Verstand hat es gar nicht so sehr in der Hand, wie wir glauben. Höchst interessant in diesem Zusammenhang sind z.B. auch neurophysiologische Studien an der technischen Universität Graz aus dem Jahre 1989. Gert Pfurtscheller und A. Berghold[80] haben herausgefunden, dass das Gehirn körperliche Handlungen mit bis zu 2 Sekunden Vorlauf vorbereitet, ohne dass wir uns dessen bewusst sind.

Und was machen wir praktisch mit dieser Information? Wir sollten sie schlicht und einfach anerkennen. Wir erkennen an, dass parallel zu dem, was wir wahrnehmen (und zum Teil auch zeitlich früher), auf einer anderen Ebene Prozesse laufen, die durchaus den von uns wahrgenommenen Prozess steuern oder zumindest beeinflussen können. Vielleicht sehen wir die nächsten Präsentationen in einem neuen Licht?

77 Ebda.
78 Goodwin, 1980.
79 Holler, Kendrick 2015.
80 Pfurtscheller 1989.

### 7.1.3 Blickrichtung zeigt Emotion – Emotion bestimmt Blickrichtung

Die enge Verbindung zwischen Gehirn und Augen beschrieb schon der amerikanische Psychiater Milton Erickson (1901–1980). Die Augen, so fand er heraus, bewegen sich in vorhersehbare Richtungen, wenn Menschen versuchen, sich an frühere Erlebnisse zu erinnern. Die Erinnerung an ein bestimmtes Erlebnis war für ihn verknüpft mit einer bestimmten Blickrichtung, die das Unterbewusste benötigte. Umgekehrt stellte er fest, dass das Erinnern nicht möglich war, wenn das Auge die Blickrichtung nicht einnehmen konnte[81]. In der Kinesiologie wurden diese Beobachtungen weiter differenziert und es wurden für die fünf Wahrnehmungsqualitäten visuell, auditiv, kinästhetisch, olfaktorisch und gustatorisch bestimmte Blickrichtungen festgestellt. Bandler und Grinder, die Entwickler des Neuro-Linguistischen-Programmierens NLP, entwickelten ein eigenes Schema der Augenbewegungen. Wenn ich auf ein Zifferblatt vor mir schaue, bedeutet demnach die Uhrzeit 1:30 Uhr visuelle Zukunftsprojektion, 3:00 Uhr akustische Zukunftsprojektion, 4:30 Uhr kinästhetische Gefühle, 7:30 Uhr innerer Dialog mit dem Selbst, 9:00 Uhr akustische Erinnerung, 11:30 Uhr visuelle Erinnerung[82]. Zusätzlich wird häufig der Blick auf 12:00 Uhr assoziiert mit geistig und der Blick auf 6:00 Uhr mit körperlich zentriert[83]. Vereinfacht gesagt, auf der linken Seite des Blickfeldes zeigen sich die Erinnerungen, auf der rechten Seite die Zukunft und in der Mitte Zentrierung, oben geistig, unten körperlich.

Augenbewegungen aktivieren Synapsen im Gehirn und stellen damit eine Verbindung zwischen Bewusstsein, bewusster Erinnerung und dem Unterbewussten her. Forschungsergebnisse haben sogar ergeben, dass die Blickrichtung unserer Augen bestimmt, ob wir »dasselbe Objekt als schön oder hässlich empfinden – also die emotionale Bewertung dessen, was gesehen wird«[84]. Interessant ist auch, dass Therapeuten Augenbewegungen in exakt bestimmter Richtung benutzen, um Traumata zu behandeln[85].

---

81 Vgl. Klinkhardt 2014, S. 151.
82 Ebda, S. 152.
83 Sonnenschmidt 1996, S. 152.
84 Vgl. Klinghardt 2014, S. 153.
85 Ebda., S. 158.

## 7.2 Ich selbst mitten drin – Denkkonzepte

*Staunen, kindliche Neugier, offene Augen für Menschen und Ideen.*
*Im Zauber des Anfangs trifft mich die Inspiration.*
Verena Müller – Aus der Stille, Lyrikerin

Es geht in diesem Buch um das Wechselspiel zwischen den Kommunizierenden. Dabei können wir unser Publikum und unsere Gesprächspartner häufig nicht aussuchen, insofern können wir sie auch nicht wesentlich beeinflussen. Was wir aber beeinflussen können, sind wir selbst, unser Umgang mit uns selbst, unsere Wahrnehmungsfähigkeit, unsere Gelassenheit und Souveränität. Sie haben schon viele verschiedene Blickwinkel kennengelernt, aus denen man auf den Kommunikationsprozess und unsere Beteiligung darin schauen kann. Im Nachfolgenden möchte ich Sie einladen, sich mit den Gedanken der Kommunikationswissenschaftler Friedemann Schulz von Thun und Paul Watzlawick, denen des Transformationsdesigners Harald Welzer und des Franziskanerpaters Richard Rohr näher zu beschäftigen.

### 7.2.1 Selbstklärung – Gedankliche Werkzeuge des Schulz von Thun

Wenn Sie Seminare über Kommunikation und Gesprächsführung besucht haben, werden Sie mit den Gedanken von Schulz von Thun in Verbindung gekommen sein. Friedemann Schulz von Thun, emeritierter Professor an der Universität Hamburg, gilt als einer der führenden Fachleute für Kommunikationspsychologie. Wer Spaß hat, Kommunikationsprozesse mit den Augen des darüber schwebenden Adlers zu betrachten, wird seine Beobachtungen und Schlussfolgerungen mit Vergnügen lesen. Einzelne seiner »gedanklichen Werkzeuge« haben sich inzwischen zur Grundlage für neue Denkwege und Schulungssysteme entwickelt.

Ich denke hier zum Beispiel an das »Innere Team«. Aus einem zerstrittenen Haufen unterschiedlicher innerer (personifizierter) Wahrheiten formt sich in einem Prozess der Selbstklärung ein »Inneres Team«, das es mir ermöglicht, selbstkongruent und authentisch aufzutreten. Wer Spaß am bildlichen Darstellen hat, darf die Mitglieder des zerstrittenen Haufens gerne malen: den Gutmenschen, den immer Fröhlichen, den immer Recht habenden, den nicht Gewürdigten, den Gesundheitsapostel usw. Schulz von Thun gelang es mit dem Bild des »Inneren Teams«, Führungskräfte für die Idee und den Prozess der Selbsterkundung zu überzeugen. Denn genauso, wie sie in ihrer Leitungsfunktion Teams mit den unterschiedlichsten Persönlichkeiten, Wünschen und Bedürfnissen unter einen Hut zu bringen haben, haben sie auch ein Team in ihrem Inneren zu managen[86]. Schulz von Thun sieht sich weniger als Kommunikationstrainer, sondern vielmehr als Selbstentwicklungshelfer. Einer seiner wichtigsten Glaubenssätze ist seit der Arbeit mit Ruth Cohn: »Menschenführung beginnt bei mir selbst (wenn sie auch dort nicht endet)!« In Wilhelm-Busch-Manier reimte er:

»Willst du ein guter Leiter sein,
dann schau auch in dich selbst hinein!«

Es geht ihm vor allem nicht darum, »mit geschulter Technik motivierend, pädagogisierend, psychologisierend, manipulierend am anderen herumzudoktern!«[87]

Hilfreich für das eigene Denken ist auch das von Schulz von Thun nach älteren Quellen weiterentwickelte Werte- und Entwicklungsquadrat[88]. Dessen Kern ist die Erkenntnis, dass wir häufig nicht in der Mitte zwischen einem Zuviel und einem Zuwenig stehen, sondern dass zwei positive Tugenden in einen Ausgleich gebracht werden wollen. Jede dieser Tugenden enthält aber auch die Möglichkeit, übertrieben zu werden.

Denken wir es am Beispiel von Sparsamkeit und Großzügigkeit einmal durch. Diese beiden Tugenden sind – moderat gehandhabt – äußerst hilfreich für das menschliche Miteinander. Sobald sie aber in ihre negative Übertreibung verfallen, stören sie. Die Sparsamkeit sinkt hinab in den Geiz, die Großzügigkeit in die Verschwendungssucht. Und hier zeigen sich zwei weitere Aspekte. Zum einen gibt das Quadrat jetzt Richtungen vor, die eine moderierende Entwicklung ermöglichen (Verschwendungssucht braucht Sparsamkeit, Geiz braucht Großzügigkeit). Der zweite Aspekt ist, dass wir in diesen übertrei-

86 Vgl. Schulz von Thun 1998, S. 54 f.
87 Ebda.
88 Ebda.

benden Entgleisungen die Stichworte polarisierender Diskussionen ausmachen können. Der Sparsame wirft dem Großzügigen Verschwendungssucht vor, der Großzügige dem Sparsamen Geiz. Oder anders formuliert, Sparsamkeit ohne ein gutes Maß an Großzügigkeit verkommt zum Geiz, Großzügigkeit ohne Sparsamkeit zur Verschwendungssucht.

**Übung: Werte- und Entwicklungsquadrate bilden** !

Bilden Sie Wertequadrate in den Bereichen, mit denen Sie sich momentan auseinandersetzen. Sie werden erstaunt sein, wie hilfreich es ist, sich die jeweils vier verwendeten Begriffe einmal klarzumachen. Sie werden merken, dass Sie bei einem Paar von positiven Tugenden mehrere negative Übertreibungen benennen können, je nachdem, unter welchen Gesichtspunkten Sie herangehen.
Ziel dieser Übung ist das Gewinnen einer differenzierteren Wortwahl vor dem Hintergrund einer sorgfältigeren und feineren Betrachtungsweise.
Hier ein paar Beispiele:

| | |
|---|---|
| Traditionsbewusstsein<br>starrer Ewiggestriger | Weltoffenheit<br>wurzelloser Flattergeist |
| Offenheit<br>ängstliche Duldsamkeit | Abgrenzung<br>feindselige Verachtung |
| Offenheit<br>Selbstaufgabe | Abgrenzung<br>aggressiver Stolz |

### 7.2.2 Der weite Blick – Paul Watzlawik

»Man kann nicht nicht kommunizieren« – diesen berühmten Ausspruch von Paul Watzlawick, dem österreichisch-amerikanischen Kommunikationswissenschaftler (1921-2007), hat jeder von uns schon einmal gehört. Er ist das erste der fünf Axiome, die als Grundlagen seiner Kommunikationstheorie dienen.

Bei der Betrachtung von Kommunikationsprozessen ist es für ihn grundlegend, dass man sowohl den weiten Rahmen einer Situation als auch die Beziehung zwischen den Beteiligten einbezieht. Sonst bestehe die Gefahr, »dass bestimmte Phänomene unerklärlich bleiben, solange sie nicht in genügend weitem Kontext gesehen werden oder dass ... [dem Gesprächspartner *(Anm. des Autors)*] Eigenschaften zugeschrieben werden ..., die er nicht besitzt«[89]. Interessant ist, dass Watzlawick Aspekte der Wahrnehmungsforschung auf die Kommunikation überträgt. Wenn wir einen Gegenstand tastend erforschen wollen, bewegen wir die Finger hin und her. Wenn wir die Finger stillhalten, fühlen wir außer der Temperatur keine weitere Eigenschaft. »Sobald wir etwas fest ergreifen, verliert ein Gegenstand seine Erscheinung, seine Wesenhaftigkeit.«[90] Ein Ton, der sich in Höhe und Intensität nicht ändert, wird nach einer gewissen Zeit nicht mehr gehört. Das Auge bewegt sich beim Sehen unmerklich, wodurch das scharfe Sehen ermöglicht wird. Würde sich das Auge nicht bewegen, würde der optische Reiz von demselben Bereich der Netzhaut empfangen und das Auge ermüden. Durch diese feinen Bewegungen entstehen Beziehungen, Wahrnehmung ist die Herstellung von Beziehungen. In Watzlawicks gegenwartsorientierter Sichtweise ist Kommunikation ein System von sich gegenseitig beeinflussenden Beziehungen, ein »Wachsen« und »Werden«[91].

In dieser auf die momentane Situation bezogenen Betrachtungsweise liegt eine der Wurzeln der systemischen (Familien-)Aufstellungen und Beratungskonzepte.

### 7.2.3 Selbst denken – Harald Welzer: Rückblick aus der Zukunft

Gelassenheit kann man sich auch durch Denken erwerben. Je weiter man den Horizont spannt, umso weniger lässt man sich von den kleinen Dingen aus der Ruhe bringen. Harald Welzer, Professor für Transformationsdesign an der Universität in Flensburg, schlägt etwas sehr Interessantes vor. Man solle, um seine Orientierung in den entscheidenden Fragen zu verbessern, eine Betrachtung des eigenen Lebens aus dem Futur 2 machen: »Wer werde ich gewesen sein? Das hilft: Vieles von dem, was im einfachen Futur als unbequem und lästig erscheint, wird im Futur zwei plötzlich interessant und attraktiv. Futur-zwei-Imaginationen verändern Wertigkeiten. Sie fangen an,

89 Watzlawick 1969, S. 21.
90 Sonnenschmidt 2011, S. 136.
91 Watzlawick 1969, S. 33.

zu überlegen, wie Sie gut gewesen sein werden. Eine Frage praktischer Intelligenz. Selbst denken.«[92] Man nimmt sich selbst wieder ernst.

**Übung: Vorerinnerte Zukunft** !

Machen Sie am besten gleich diese Übung für sich selber – und schriftlich: Gehen Sie einige Jahrzehnte in die Zukunft und blicken Sie auf Ihr Leben zurück. Notieren Sie, worin Sie gut waren, wie Sie den Menschen genützt haben, wie Sie die Forschung vorangebracht haben, wie Sie in Zeiten der Orientierungslosigkeit den Menschen eine Vision gegeben haben. Schreiben Sie auf, was Ihnen in diesem Ihrem Leben wichtig war.

### 7.2.4 Tiefes Verständnis – Richard Rohr: Nichtpolares Denken

*Das Auge, mit dem ich Gott sehe, ist dasselbe Auge,*
*mit dem Gott mich sieht.*
Meister Eckhart, deutscher Mystiker
und Provinzial der Dominikaner (1260–1327)

Je mehr wir uns mit den Hintergründen, auch den philosophischen, des Blicks beschäftigen, umso mehr verstehen wir, dass die beiden gedachten Blickrichtungen des Auges – auf etwas hin und zu uns her – nicht mehr voneinander zu trennen sind. Wir bekommen über unsere Augen Informationen und geben Informationen über unsere Augen aus. Wir projizieren unser inneres Bild nach außen, und wir bekommen dementsprechend ein Bild der äußeren Welt zurückgespiegelt. Oder wie Meister Eckhart es ausdrückt, die Augen, die uns die göttliche Welt in unsere Seele hineinspiegeln, spiegeln genauso unsere Seele in die göttliche Welt hinaus. Innen und Außen sind somit zwei Seiten derselben Medaille.

Für den Kommunikationsprozess ist dies eine Bestätigung dessen, was wir schon mehrfach gesehen haben. Wir sind nicht getrennt von unserem Kommunikationspartner, sondern die Kommunikation ist ein gegenseitiges Nehmen und Geben, ein Schwingen, ein feiner Tanz. Das setzt – es sei hier noch

92 Welzer 2016, S. 133.

einmal wiederholt – innere Klarheit und ein Geordnet-Sein voraus, damit dieses Miteinander-Schwingen entstehen kann.

Ich bin – im Idealfall – in der Lage, im »nackten Nun zu leben und dem Sog einer beschämenden Vergangenheit oder einer idyllischen Zukunft zu widerstehen«[93]. Dieses Denken und Empfinden bezeichnet der US-amerikanische Franziskanerpater Richard Rohr als nichtduales Denken oder auch als nichtpolares Denken. Es erfordert Disziplin im Denken und Empfinden und ein »gewisses Maß von echter Selbstdistanz«, die es ermöglichen, »realistisch zu sehen, weil Vorurteile und Ängste nun nicht mehr im Weg stehen«. Es lässt alles zu, ermöglicht uns, alle Seiten zu betrachten, ohne zu urteilen und zu verwerfen. Diese Denk- und Empfindungsarbeit »lehrt uns, schöpferische Spannungen auszuhalten, mit Paradoxien und Widersprüchen zu leben, vor dem Geheimnis nicht davonzulaufen und deshalb tatsächlich das zu praktizieren, was alle Religionen lehren: Mitgefühl, Erbarmen, Freundlichkeit, Geduld, Vergebung und Demut«[94].

## 7.3 Ich selbst voll beteiligt – Theorien des Dialogs

*Das merkt man doch sofort, ob es passt!*
*Die Augen sehen viel, aber der Bauch weiß mehr.*
Robert Eller, Bariton, Gesangspädagoge, Chorleiter

In diesem Kapitel lade ich Sie zu einem Ausflug ein. Wir verlassen die Bühne des Redners und betrachten das individuelle Gespräch zwischen Menschen und in kleinen Gruppen. Die dargestellten Erkenntnisse und Ideen sind möglicherweise auf der Rednerbühne nicht eins zu eins umzusetzen, jedoch erweitern sie unsere Wahrnehmungsfähigkeit in Kommunikationsprozessen und das kommt auch der Rolle als Redner zugute. Denn es gibt selbst in der Tätigkeit als Redner Momente der direkten Kommunikation von Mensch zu Mensch. Denken Sie nur an die Diskussionen im Anschluss an einen Vortrag, an Podiumsdiskussionen oder an Zwischenfragen. Hier ist Ihre Sou-

93 Rohr 2012, S. 159.
94 Ebda.

veränität genauso gefragt wie im rein rednerischen Teil Ihres Vortrags. In der Kommunikation sind wir immer als Person, als ganze, wahrnehmende, fühlende und agierende Person beteiligt. Die Idee, mein Gegenüber müsse zwangsläufig so oder so reagieren, wenn ich nur dieses oder jenes sage, hat sich als überholt herausgestellt. Menschliche Kommunikation funktioniert als Wechselspiel, braucht einen weiteren Blickwinkel. Die Kommunikationstrainerin Antje Boijens, die mit den denkerischen Grundlagen des Physikers David Bohm[95] arbeitet, verspürt einen großen Handlungsbedarf. »Den hohen Anforderungen an uns selbst und an die Prozessgestaltung für einen echten Dialog steht heute eine fragmentierte Wirklichkeit gegenüber ... Mehr denn je brauchen wir einen freien, ja leeren Raum, in dem wir entschleunigt denken und sprechen können, wo die Ideen und Dinge sich entfalten dürfen, in dem Widersprüche auftreten dürfen und in dem es um tiefer gehende Themen/Fragen geht.«[96]

Die Auswahl der nachfolgend dargestellten Kommunikationssysteme hat sich aus meiner bisherigen Arbeit und den dabei gemachten Erfahrungen ergeben. Sie erhebt mit Sicherheit keinen Anspruch auf Vollständigkeit. Vielleicht finden Sie ja in den folgenden kurzen Darstellungen ein Konzept, das Sie anspricht? Durch das für Sie selber Theorie und Praxis, Denkerisches und Empfindungsmäßiges sich gegenseitig ergänzen und zusammenwachsen können? Das Sie weiter vertiefen wollen? Hilfreich wird es in jedem Fall sein.

### 7.3.1 Der emotionale Hintergrund – Idiolektik

Die idiolektische Gesprächsführung durfte ich in einigen Sitzungen selbst kennenlernen. Das Konzept ist durch den amerikanischen Arzt und Psychotherapeuten Adolphe David Jonas (1913-1985) begründet worden und wird seit 1985 von der Gesellschaft für Ideologiekritik und Gesprächsführung[97] weiterentwickelt. Im Zentrum des Interesses steht dabei die eigene Sprache (Idiolektik) des Gesprächspartners, um zu verstehen, was er mit Worten, Mimik und Gestik aussagt. Es war sehr beeindruckend, wie ich durch die

95 Bohm 2017.
96 Boijens o. J.
97 http://www.idiolektik.de/.

volle Aufmerksamkeit des Zuhörenden und seine sich selbst zurückhaltende und wertschätzende Haltung eine genauere Wahrnehmung von mir selbst bekam. Es offenbarten sich recht schnell meine eigenen Gedankenmuster und Einstellungen, es zeigten sich Handlungsmöglichkeiten und auch Veränderungsmöglichkeiten. Dabei stellte der Zuhörende nur einfache Fragen, die ich vordergründig als reine Verständnisfragen empfand. Natürlich waren diese Fragen von einer hohen Empathie getragen und unterstützten meinen Erzählfluss. Er fragte zum Beispiel: »Wie kann ich mir das ... vorstellen? Kannst du mir ein Beispiel geben?«, oder »Was müsste man (mit mir) tun, damit ich das ... auch spüren könnte?« Dahinter steht der Wunsch, aus der wachen Beobachtung der Sprache und ihrer Bildhaftigkeit, des Redeflusses und der nonverbalen Signale ein Gespür für das individuelle Sprachmuster des Sprechenden zu bekommen, um ihn genauer in seinem Erkenntnisprozess unterstützen zu können. Für beide – den Sprechenden und den Zuhörerenden – entsteht ein vertieftes Verständnis für einander. Die idiolektische Gesprächsführung hat sich in erkenntnis- und forschungsorientierten Umgebungen bewährt, genauso aber auch in beruflichen und privaten Situationen, da sie stark deeskalierend wirkt.

### 7.3.2 Wohin führt die Energie – Process Inquiry

Process Inquiry (deutsch in etwa: Prozess-Erforschung) ist eine Gesprächsführungsmethode von Stèphano Sabetti, die mit einem ganz speziellen Fokus arbeitet[98]. Der Berater hat dabei nicht so sehr die sachlichen Inhalte im Blick, sondern er folgt der Energie, der Art und Weise, wie etwas gesagt wird. Dabei werden durchaus auch körperliche Reaktionen der Beteiligten angeschaut. Denn sie zeigen, dass bestimmte Worte oder Inhalte mit einer starken Energie, also Emotion, verknüpft sind. Und diese weisen den Weg hin zu einer Klärung und häufig auch Lösung einer Fragestellung oder eines Problems. Emotionen werden also nicht aus dem Gespräch herausgehalten (»bleiben wir doch bitte sachlich«), sondern bewusst als Führungshinweise in das Gespräch mit einbezogen. Der Sprechende ist dabei der Experte sei-

98 http://www.processinquiry.de/.

ner Person, der alle Hinweise und Lösungsmöglichkeiten in sich trägt, der Berater hilft durch Fragen, den Prozess des Forschens lebendig zu erhalten.

Process Inquiry wird international im beruflichen Umfeld eingesetzt, da sie über die ausschließlich sachliche Konzentration auf Fakten hinausgeht und die Beweggründe und zugrunde liegenden Gefühle im Gespräch mit einbezieht. Authentische Gespräche zwischen Mitarbeitern und Führungskräften werden so begünstigt. Ich war bei der Anwendung dieser Gesprächsmethodik beeindruckt davon, wie unspektakulär und doch zügig die entscheidenden Punkte auf den Tisch kamen.

### 7.3.3 Die Denk-Umgebung – Nancy Kline

Wir brauchen ein Thinking Environment, eine Denkumgebung – sagt Nancy Kline in ihrem Buch Time to Think (2016). Weil die Welt immer schwieriger wird, weil wir ständig mit Veränderung, Neustrukturierung, Change Management und Transformation zu tun haben und uns dem nicht mehr entziehen können, brauchen wir dringend eine veränderte Form, unsere Gedanken zu entwickeln und gemeinsam mit anderen auf die Herausforderungen zu reagieren. Denn diese Prozesse machen Angst. Und Angst schränkt das Denken ein, verhindert neue Ideen.

Nancy Kline plädiert für eine Denkumgebung, die die Potenziale aller Beteiligter fördert. »Unternehmen, Familien und Beziehungen können wieder zu Thinking Enviroments werden, wo gute Ideen sprudeln, Handlungen folgen und die Menschen aufblühen.«[99] Sie hat beobachtet, dass die Qualität des Denkens davon abhängt, wie aufmerksam man für einander ist und wie genau man zuhört. Durch »diese höchste Aufmerksamkeit« erweist man den Menschen »seine Wertschätzung« und »kann sie in ihren Grundfesten« erschüttern, indem man »sie überzeugt, dass sie für sich selbst denken können; wenn man sie ins Herz schließt und ihnen zeigt, dass sie selbst und das, was sie denken, eine ganz wesentliche Rolle spielen«[100]. Sie ist davon über-

99 Kline 2016 S. 15f.
100 Ebda., S. 18.

zeugt, dass das Denken vor allen Taten kommt. »Daraus folgte dann, dass wir, wenn wir unser Tun verbessern wollen, zuerst das Denken verbessern müssen.«[101] Ihr Ziel ist das eigenständige und unvoreingenommene Denken, das davon abhängt, wie die denkenden Menschen »von den anderen Menschen um sie herum behandelt« werden[102].

Dabei spielen unter anderem Vorurteile eine große Rolle. Wenn man glaubt, dass man klüger ist als eine andere Person, wird es erstens das Zuhören erheblich beeinflussen und zweitens der Person nicht verborgen bleiben, egal, wie sehr man versucht, es zu verbergen. Mit der ihr eigenen Fragetechnik, den Incisive Questions, geht Nancy Kline daran, diese (übernommenen) Denkblockaden aufzulösen. »Wenn ich wüsste, dass die Leute, von denen mir beigebracht wurde, dass sie weniger intelligent seien als ich, tatsächlich klug und gut in der Lage sind, über ein Thema ihrer Wahl nachzudenken, wie würde ich mich dann während ihrer Denk-Sitzung fühlen und verhalten? Und wie würde ich sie als Zuhörende betrachten, wenn ich an der Reihe bin zu denken?«[103]

Nancy Kline beschreibt im Folgenden zehn Faktoren, die für eine kreative Denkumgebung notwendig sind[104]:

1. Aufmerksamkeit
   Zuhören mit Respekt, Interesse und Faszination
2. Incisive Questions
   Beseitigung von Annahmen, die Ideen einschränken (s.o. »Wenn ich wüsste ...«)
3. Gleichheit
   Gleichbehandlung aller in Bezug auf das Denken
   - a. gleiche Redezeit und gleiche Aufmerksamkeit für alle
   - b. Beachtung von Vereinbarungen und Grenzen
4. Wertschätzung
   5-zu-1-Verhältnis von Anerkennung zu Kritik

101 Ebda., S. 19.
102 Ebda.
103 Ebda., S. 123.
104 Ebda, S. 45.

5. Gelassenheit
   Befreiung von Hetze und Dringlichkeit
6. Ermutigung
   Den Wettbewerb hinter sich lassen
7. Gefühle
   Zulassen von Gefühlen, um sich zu erleichtern und das Denken wieder fruchtbar zu machen
8. Information
   Bereitstellung eines vollständigen und genauen Bildes der Realität
9. Ort
   Schaffung einer konkreten Umgebung, die die Menschen widerspiegelt: »Du bist wichtig.«
10. Diversität
   Qualitative Verbesserungen aufgrund der Unterschiede zwischen den Menschen

Eine weitere Prägung sieht sie in der Konditionierung auf Geschlechterrollen. Sie beobachtet immer noch die Auswirkung der antiquierten Bilder von der »unterwürfigen, dümmlich konditionierten Frau« und dem »kontrollierenden, auf Konkurrenz gedrillten Mann« in unserer heutigen Welt. Gebraucht wird heute der »ganze Mensch, bei dem das Geschlecht nur dann eine Rolle spielt, wenn man versucht, zusammen ein Baby zu Stande zu bringen – wo es aber irrelevant ist, wenn man eine effektiv arbeitende Firma aufbaut«[105].

### 7.3.4 Glück und Schwingung – Hartmut Rosa

Resonanz ist das Stichwort von Hartmut Rosa, Soziologieprofessor an der Friedrich-Schiller-Universität Jena. Unsere Beziehung zur Welt ist für ihn ein Resonanzphänomen[106]. Wir fühlen uns authentisch, wenn sich »zwischen uns und den jeweiligen Menschen oder Dingen so etwas wie eine Verbindung herstellt«[107]. Wir haben das Gefühl, dass wir dort eine Antwort bekommen, dass wir auf derselben Wellenlänge schwingen. Dann fühlen wir uns

105 Ebda., S. 122.
106 Rosa 2016.
107 Rosa 2014.

glücklich. Diese Interaktion kann von außen kommen, von Menschen, von Erlebnissen, von Dingen (Natur), aber auch von innen heraus, wenn mich ein Gefühl ergreift, wenn mich etwas bewegt oder tief berührt. Dann fühle ich mich im Einklang mit mir selbst und habe ein deutlich wahrnehmbares Selbstwirksamkeitsgefühl[108].

In jeder Kommunikation, jedem Gespräch und jeder Beratung findet diese Resonanz statt. »Dieses Mitschwingen eröffnet dem Klienten die Möglichkeit, hinzuspüren, was innerlich in Bewegung ist. Etwas, was in uns spürbar ist, was vielleicht noch unterdrückt wird, was aber auch gefühlt werden will, kommt in Bewegung – physiologisch in der Atmung und zugleich auch emotional.«[109] Resonanzerfahrungen, mit denen wir seit frühester Kindheit aufwachsen, können aber auch gedämpft werden durch Zeitdruck, ständige Ablenkung, Wettbewerb und Konkurrenz. »Ich kann mit Menschen entweder resonieren oder konkurrieren.«[110] In Bezug auf die Gedanken dieses Buchs bedeutet es, dass aus soziologischer Sicht Resonanz, Selbstwirksamkeit und Authentizität nur unter bestimmten Bedingungen entstehen können. Diese können wir aber mit der Arbeit an uns selbst und der Art unserer Kommunikation beeinflussen.

### 7.3.5 Dahinter ein Bedürfnis – Gewaltfreie Kommunikation

Empathie ist ein wesentlicher Baustein der gewaltfreien Kommunikation, Empathie für den Gesprächspartner und Selbstempathie für sich selbst. Der amerikanische Psychologe Marschall Bertram Rosenberg (1934-2015) entwickelte die gewaltfreie Kommunikation aus den Erfahrungen, die er in den sechziger Jahren bei seiner Arbeit mit den amerikanischen Bürgerrechtsbewegungen gewonnen hatte. Sein Konzept, so sagte er, enthalte nichts Neues, sondern integriere Ideen, die schon seit Jahrhunderten bekannt seien. »Es geht also darum, uns an etwas zu erinnern, dass wir bereits kennen – nämlich daran, wie unsere zwischenmenschliche Kommunikation ur-

108 Ebda.
109 Muffler 2015, S. 62.
110 Rosa 2014.

sprünglich gedacht war.«[111] Rosenberg beschreibt sehr genau den Gegenpol zu gewaltfreier Kommunikation. »Ein Muster lebensentfremdender Kommunikation sind moralische Urteile: Wer sich nicht in Übereinstimmung mit unseren Werten verhält, dem werden Fehlverhalten oder böse Absichten unterstellt. Eine andere Form dieser Kommunikation ist das Anstellen von Vergleichen; damit kann das Mitgefühl mit uns selbst und mit anderen blockiert werden. Lebensentfremdende Kommunikation verschleiert auch unsere Wahrnehmung dessen, dass jeder von uns verantwortlich ist für seine eigenen Gedanken, Gefühle und Handlungen. Unsere Wünsche in Form von Forderungen zu vermitteln, ist ein weiteres Merkmal einer Sprache, die Einfühlsamkeit blockiert.«[112]

Die feine Beobachtung des Kommunikationsprozesses, das genaue Abwägen von Worten und Formulierungen hat folgende Ziele:

- Auflösung alter Muster von Verteidigung, Rückzug und Angriff
- Reduzierung von Widerstand, Abwehr und gewalttätigen Reaktionen
- Förderung der Wertschätzung, Aufmerksamkeit und Einfühlung und des Wunsches, von Herzen zu geben
- Lenkung der Aufmerksamkeit in eine Richtung, in der die Wahrscheinlichkeit steigt, das zu bekommen, wonach wir suchen
- Entdeckung des Potenzials unseres Einfühlungsvermögens durch die Klärung von Beobachtung, Gefühl und Bedürfnis – statt Diagnose und Verurteilungen[113]

Das Ziel, sich ehrlich und klar auszudrücken und empathisch zuzuhören, um sich den Bedürfnissen und Gefühlen anzunähern, die hinter Handlungen und Konflikten stehen, setzt eine innere Haltung von Ehrlichkeit und Offenheit und das Ziel der individuellen Entwicklung bei mir und meinem Gesprächspartner voraus.

111 Rosenberg 12. Aufl. 2016, S. 18.
112 Ebda., S. 36.
113 Ebda., S. 19.

### 7.3.6 Nicht nachher klagen, vorher sagen – Marte Meo

»Lernen zu sehen«, sagt Maria Aarts, die Begründerin der Erziehungsberatung Marte Meo[114], »ist das Entscheidende für einen Erziehenden.« Mit ihrem holländischen Akzent und viel Humor erläutert sie die Prinzipien von Marte Meo, was im Lateinischen soviel bedeutet wie aus eigener Kraft. Ihr wichtigstes Handwerkszeug ist die Videoaufzeichnung. Kommunikationsmuster und insbesondere sich anbahnende Entwicklungsschritte sind hier sehr gut für die Beteiligten sicht- und erlebbar. Die Entwicklung zu fördern bzw. Entwicklungsprozesse zu reaktivieren, ist das Hauptanliegen von Maria Aarts. Dabei muss die Sprache so einfach und klar sein, dass die, die Unterstützung am meisten brauchen, sie gut verstehen. Mit Marte Meo können sowohl professionell Tätige wie auch Laien und Angehörige arbeiten. Mit großer Begeisterung berichtet sie von der Arbeit mit den Eltern vermeintlich schwieriger Kinder, in schwierigen sozialen Umfeldern und in Slums in verschiedenen Ländern dieser Welt. Ihre Sprache ist klar, die Anweisungen sind einfach. Sie fördert die Wahrnehmung für den anderen, damit dieser sich gesehen fühlt. So wird die Grundlage dafür gelegt, dass ein neues Selbstbild entstehen darf. Ihr Handeln ist entwicklungsorientiert, nicht lösungsorientiert: »Nicht nachher klagen, vorher sagen« oder »Wer korrigiert, ist zu spät.«

Sie berichtet von ihrer engen Zusammenarbeit mit dem Neurobiologen Gerald Hüther, dessen wissenschaftliche Forschungen in idealer Weise ihre praktische Arbeit theoretisch untermauern. Lachen, so berichtet sie, verändere nachhaltig die Situation im Gehirn, Kontakt zu Neuem wird möglich, das Lernen spielerisch und einfacher. Wenn sich etwas Neues entwickelt und der Mensch ein neues Selbstbild gewonnen habe, genüge es, wenn dies ca. 10 Sekunden im Gehirn aktiv ist, um es noch am nächsten Tag zur Verfügung zu haben. Deshalb ist es ihr so wichtig, ein neues Bild oder eine neue Information im Dialog zu betrachten, damit diese verinnerlicht werden können.

114 Vortrag am 23. Februar 2017 in Hof.

# 8 Augen beflügeln – der Funke springt über

*... indem wir einander in die Augen sehen, mit den Händen gestikulieren und mit dem Mund sonderbare Laute formen.*
Chris Anderson, Kurator der TED Conference

Interessant finde ich bei dem Zitat von Chris Anderson, dass er bei der Betrachtung der Kommunikation zuerst die Augen nennt, dann die Körperbewegungen und als Letztes die Akustik. Diese Betonung der Augen finden wir in seinem Buch auch noch an anderer Stelle und wir können davon ausgehen, dass diese Reihenfolge bewusst gewählt wurde[115]. Anderson möchte von einer Rede gepackt werden, begeistert sein, aber auf einer ehrlichen und authentischen Ebene. »Wahre Begeisterung lässt sich nicht spielen. Es ist die Reaktion des Publikums auf Authentizität, Mut, Selbstlosigkeit und echte Weisheit.«[116] Und er lässt sich gern begeistern: »Wenn wir in die Augen einer Rednerin blicken, den Klang ihrer Stimme hören und ihre Verletzlichkeit, Intelligenz und Leidenschaft spüren, dann springt ein Funke auf uns über, der uns aufrüttelt, mitreißt und begeistert.«[117]

In diesem Kapitel betrachten wir die Anwendung des Gesagten in der Praxis und lassen uns dabei von der Frage leiten, wie wir die Voraussetzungen dafür schaffen können, dass der Funke überspringt. Sie finden in den jeweiligen Unterkapiteln unter einem ordnenden Oberbegriff praktische Beispiele für die Anwendung.

## 8.1 Feine Kommunikation

»Ich sehe dich!« – der Gruß der Na'vi im Film »Avatar« bedeutet auch: »Ich sehe mich in deinen Augen«. In der Zulu-Sprache hat die Grußformel »Sawu-

115 Anderson 2017.
116 Ebda., S. 46.
117 Ebda., S. 12.

bona – Ich sehe dich« mit der Antwort »Ngikhona – Ich bin da« einen noch tieferen Hintergrund. Erst durch den Blick des anderen Menschen wird die eigene Existenz real. Oder anders herum formuliert: Bevor du mich nicht angesehen hast, war ich nicht da. Es ist erstaunlich, wie viel Weisheit in diesen einfachen Grußformeln steckt (wobei wir natürlich wissen, dass die Sprache der Na'vi im Film »Avatar« eine künstliche, neugeschaffene Sprache ist).

### 8.1.1 Das Wunder des Gegenübers

*Die Öffnung des Blicks ist letztlich die Öffnung des Herzens.*
Gudrun Bär, Sopranistin, Gesangspädagogin, Feldenkraislehrerin

»Die Menschen brauchen einen Zeugen für ihr Leben. Darum heiraten sie.« Dies ist eine Filmweisheit, sinngemäß zitiert aus einer Szene zwischen Richard Geres Filmehefrau und deren Privatdetektiv im Film »Darf ich bitten?« aus dem Jahr 2004. Vielleicht ist sie sogar psychologisch untermauerbar, auf jeden Fall bietet sie Anlass zum Nachdenken. Beobachten Sie doch einmal, was genau in den Gesichtern der Menschen vorgeht, wenn in einem Café oder Restaurant die Bedienung an den Tisch tritt und sich nach den Wünschen erkundigt. Die meisten werden freundlich gucken, lächelnd sich wertgeschätzt fühlen, und es wird ihnen vermutlich bessergehen. Vielleicht haben Sie auch schon Redner erlebt, die immer wieder einzelne Personen im Publikum ansprechen – erinnern Sie sich an die Reaktion der Zuhörer? In den meisten Fällen fühlen sich diese eingebunden und wertgeschätzt – denn sie wurden »gesehen«.

Unsere Augen tragen unsere innere Einstellung nach außen. Wenn wir nicht bereit sind, den anderen Menschen zu sehen, registrieren wir bei einem Vortrag nur eine gesichtslose Masse und sprechen ins Nichts hinein, was das Gegenüber bemerkt. Wenn wir aber frei sind, wenn wir Blickqualitäten in beide Richtungen fließen lassen, verändert sich etwas. Vielleicht meint Chris Anderson dies, wenn er sagt: »Zwischenmenschliche Kommunikation ist ein echtes Wunder. Wir vollbringen es jeden Tag, ohne uns dessen bewusst zu werden.«[118]

118 Ebda, S. 10.

### 8.1.2 In kraftvoller Resonanz mit mir selbst

Wie vollbringe ich das Wunder, von dem Chris Anderson spricht? Wie bringe ich mich in eine gute innere Einstellung für einen Vortrag? Jeder Mensch wird dafür seine eigenen Ideen und Erfahrungen haben. In den Seminaren haben sich einige Aspekte als besonders wirkungsvoll herausgestellt.

Wenn ich mit großer Intensität bei meinen Sinnen bin, wenn ich genau wahrnehme, was ich sehe, was ich höre, wenn ich meine Körperbewegungen spüre, bin ich genau mit mir in Übereinstimmung, schwinge sozusagen in mir. So werde ich z.B. wahrnehmen, dass ich an manchen Tagen mit mehr Nervosität als an anderen vor ein Publikum trete und aus der Erfahrung wissen, dass ich an solchen Tagen klugerweise einen Laserpointer, eine Karteikarte oder einen Stift in die Hand nehme, um meinem Körper mit Vertrautem Ruhe und Ordnung zu geben.

Vielleicht wird damit – mit diesem Vertrauten – doch etwas sehr viel Grundsätzlicheres angerührt. Unsere ersten Wahrnehmungen haben wir, wie Hartmut Rosa bemerkt, als Ungeborene im Mutterleib. Die »Urimpression [liegt] in dieser Gegenwart der Wärme, des Strömens, des Austausches«[119]. Je besser es uns gelingt, uns dieser »Urimpression« wieder anzunähern, umso mehr schwingen wir in uns, sind fokussiert und haben eine tief verankerte Gewissheit der Selbstwirksamkeit. Offen und ohne Zweifel sehen wir in die Welt hinaus.

Wir können die Resonanz zwischen Redner und Zuhörer auf verschiedene Weise begünstigen. Wenn wir in uns ruhen, oder wie Hartmut Rosa es nennt, in uns schwingen, also authentisch sind, haben wir die Chance, den anderen zum Mitschwingen anzuregen. Ich selbst fühle mich angeregt und berührt und kann deshalb jemand anderen anregen und berühren. Mein subjektives Gefühl dabei ist, dass ich mit mir selber im Einklang bin, dass ich etwas spüre, was Hartmut Rosa Selbstwirksamkeitsgefühl nennt[120].

119 Rosa 2016, S. 86.
120 Vgl. Rosa 2014.

Da ich in mir ruhe, in mir schwinge und ausgeglichen bin, kann ich auf andere Menschen reagieren. Das kennen wir doch auch alle: An Tagen, an denen es uns gut geht, verbreiten wir um uns herum gute Laune, bekommen ein Lächeln zurück oder die eine oder andere freundliche Bemerkung. An den Tagen, an denen es uns schlecht geht, haben wir lauter schlechtgelaunte Leute um uns herum, es sei denn, es gelingt einem Gutgelaunten, zu uns durchzudringen und uns auf sein Niveau zu heben.

### 8.1.3 Resonanz synchronisiert Menschen

Die Saite einer Violine oder eine Stimmgabel schwingen sich dann auf eine von außen kommende Schallwelle ein, wenn die Frequenz genau getroffen wird. Für uns als sprechende Menschen heißt das, dass wir nur dann mit unseren Gesprächspartnern auf einer Wellenlänge liegen, wenn wir relativ viele Übereinstimmungen in unserer Körpersprache, in unserem Denken und Empfinden und natürlich auch in unserem Sprechen haben. Wir kennen alle die Hinweise aus den Kommunikationsseminaren, unseren Gesprächspartner in seinen Körperbewegungen, seiner Mimik und der Art seines Redens zu einem gewissen Grade zu imitieren, um Vertrautheit herzustellen (oder sie vorzutäuschen?).

Hier gehen wir noch einen Schritt weiter. Es geht nicht darum, eine fremde Person in Sicherheit zu wiegen, um Ziele zu erreichen, sondern eine möglichst übereinstimmende Gleichschwingung als Basis für einen authentischen Kommunikationsprozess zu ermöglichen. Ich stehe selber also nicht außerhalb des Prozesses und steuere die andere Person, sondern ich bin mittendrin. Nur durch diese Ehrlichkeit kann eine auf Zukunft gerichtete Vertrautheit entstehen, die es mir und meinen Kommunikationspartnern ermöglicht, Feedback beizutragen, frei und offen Ideen zu äußern, Vorschläge zu machen, Verbesserungsmöglichkeiten anzusprechen etc.

»Wenn es in einer zwischenmenschlichen Beziehung stimmt, unterstützen wir oft auch auf nonverbaler Ebene unbewusst mit unserer Körpersprache diesen Kontakt wie von selbst. So gleicht sich z.B. die Körperhaltung an, wir wenden uns gleichzeitig einander zu oder voneinander ab, wir synchronisieren den Atemrhythmus, die Stimmlage und Lautstärke, die Mimik und Gestik, und wir sind gerührt, weil unser Gegenüber gerührt ist.«[121]

### 8.1.4 Auf Augenhöhe

Diese tiefe Verbindung zwischen Menschen über den Blick können wir dann erleben, wenn wir einer Person mit offenem und ehrlich-authentischem Blick in die Augen schauen. Wenn allerdings einer der beiden Gesprächspartner versucht, den Eindruck von Offenheit und Authentizität künstlich zu erzeugen oder zu manipulieren, entstehen schnell Situationen, deren Facetten Gloria Beck in ihrem Buch »Verbotene Rhetorik«[122] ausführlich beschreibt. Schmeicheln, um unvorsichtig zu machen, Komplimente, um Vertrauen zu gewinnen, Gemeinsamkeiten betonen, um natürliche Distanz zu unterminieren usw. sind nur die harmlosesten der möglichen Manöver.

Wenn aber jemand mit oder zu uns spricht, nehmen wir sehr genau wahr, ob die Person stimmig ist und ob wir die Person mögen, ob das Gesagte etwas bringt, ob wir an dem weiterarbeiten wollen, was die Person uns vorschlägt. Der Managementautor Reinhard Sprenger hat beobachtet, dass sich die Menschen drei Fragen stellen: »Ist der glaubwürdig? Meint der mich? Plant der eine gemeinsame Zukunft, oder meint der nur seine?«[123] Eine hohe Messlatte! Wenn wir mit den Menschen auf Augenhöhe kommunizieren wollen, werden wir uns vorher sehr genau Gedanken machen müssen. Denn wir werden von unseren Zuhörern genauestens beobachtet, auch wenn es bei vielen vielleicht nur unbewusst ist.

### Exkurs: Der feine Spiegel des Feedbacks

Wenn wir unsere Zuhörer zu neuen Gedanken oder bisher nicht üblichen Handlungen anregen wollen, wollen wir sie in der Regel nicht vor den Kopf stoßen. Wir wollen sie motivieren und begeistern, wir wollen ihnen Ver-

121 Muffler 2015, S. 64.
122 Beck 2005.
123 Sprenger 2013.

haltensveränderungen ermöglichen, bei denen sie ihr Gesicht vor sich und anderen wahren können. Damit wir hierbei mit größtmöglicher Genauigkeit vorgehen können, folgt hier ein Exkurs zum Feedback und wie dieses gut gelingen kann. Manches davon werden wir als Redner in passenden Situationen direkt anwenden können, manches wird uns in der Vorbereitung einer Rede neue Impulse geben.

»Deine Rede hat mir schon sehr gut gefallen, aber …« – wer kennt sie nicht, diese unbefriedigenden endlosen Feedbackrunden! Die nichts bringen, weil sie vor Urteilen nur so strotzen. Die dem Feedback-Nehmer (oder besser Feedback-Opfer?) den Weg zu seinem eigenen Potenzial verschließen, weil sie nur den Erwartungsdruck erhöhen. Die ein gedeihliches Miteinander auf Augenhöhe nicht fördern, sondern die vorhandenen (häufig unterschwelligen) Machtverhältnisse stabilisieren. Die nicht Entwicklung und Zukunft ermöglichen, sondern Abhängigkeiten zementieren.

Wie soll man es denn machen? Man hat uns beigebracht, zuerst etwas Positives zu sagen, dann Kritik anzubringen und als Letztes etwas sehr Positives zu sagen. Das ist im Prinzip richtig, man darf aber nicht aus den Augen verlieren, wem das Feedback dienen soll. Wenn sich Teilnehmer mit ihrer ach so genauen Beobachtungsgabe profilieren oder mit ihren brillanten Formulierungen in den Vordergrund drängen, geht es am Ziel völlig vorbei. Wir dürfen fragen, unter welchen Bedingungen wir lernen wollen, unter welchen Bedingungen wir in der Lage sind, unsere Fertigkeiten zu erweitern. Wir dürfen fragen, wie ein Rahmen gestaltet sein muss, damit Erfahrungen tatsächlich gemacht werden können, damit die Lust auf Neues geweckt wird. Denn nur darum geht es: neue Erfahrungen zu ermöglichen. »Lernen ist Erfahrung. Alles andere ist einfach nur Information«, wird Alfred Einstein zitiert[124].

Wertschätzung, eine Person mit offenem interessierten Blick so zu sehen, wie sie ist, ist die Basis. »In einem weiten Kontext echter Wertschätzung wird die Person eher bereit sein, die Veränderung vorzunehmen.«[125] Und dabei ein Verhältnis von fünf zu eins von Anerkennung zu Kritik anzustreben,

124 Hannaford 2016, S. 33.
125 Kline 2016, S. 85.

ist sinnvoll, um Denkprozesse zu unterstützen. »Zu viel Kritik trocknet den Geist und den Körper aus und auch den Wunsch, weiterzumachen.«[126] Und dürfen wir nicht auch jeden Tag ein paar Dinge hören, die gut an uns sind? Die Welt um uns herum ist häufig wenig unterstützend, zieht uns herunter und lacht über unsere Bemühungen. Dabei könnten wir uns gegenseitig sehr in freiem Denken unterstützen, wenn wir die »negative Normkultur« ablegen und uns »an die Menschen neben uns ... wenden, um sie an ihre Stärken zu erinnern.« Um dauerhafte Veränderungen zu ermöglichen, empfiehlt Kline offene Augen: »Achten Sie darauf, was gut ist, und sagen Sie es.«[127] Und Maria Aarts unterstützt den individuellen Entwicklungsprozess mit ihrem verschmitzten holländischen Lächeln und den Worten: »Ich bin mal sehr gespannt, wie du das Problem löst!«[128]

**Den Anderen hören – das betrifft auch mich selbst**

Was macht eine Maria Callas aus, die nach ihrem Tod im Jahre 1977 auch heute noch eine riesige Fangemeinde hat? Was eine Anna Netrebko, eine Anne-Sophie Mutter, einen Pablo Casals, einen Lang Lang? Sicher, sie gehören zu den besten ihrer Branche, begeistern Millionen. Aber wieso erreichen sie uns, ziehen uns in ihr Musikerleben hinein, öffnen unser Herz und lassen unsere Seele mitschwingen? Es ist schwer in Worte zu fassen. Vielleicht ist es das Menschliche, ihre offen daliegende Persönlichkeit, die sie schutzlos in ihrer Musik zeigen, das uns so anrührt?

Dasselbe können wir auch erleben bei großen Rednern. Ich erinnere mich an einen jungen Pastor, der mich in seinen Predigten so intensiv ansprechen konnte, dass ich in dem einen Moment lachte, in dem anderen Moment so ergriffen war, dass mir die Tränen herunterrollten. Bei Rednern scheint es mir eine geglückte Verbindung von Inhalt (die vorgetragenen Fakten und Formulierungen passen zu meiner Auseinandersetzungsebene) und Offenheit (der Redner zeigt sich frei, ja verletzlich) zu sein. Im Klang seiner Stimme, im Schwingen seiner Modulationen ist er ganz er selbst und kann mich – wenn ich bereit bin – zum Mitschwingen anregen. Dann »verstehe« ich, was hinter den Worten gesagt wird, die tiefere menschliche Bedeutung des Vortrags.

126 Ebda.
127 Ebda., S. 86.
128 Vortrag in Hof am 23.02.17.

Es gibt auch Redner, die mit derselben Faszination über Sachthemen sprechen. Ich erinnere einen Vortrag des Gehirnforschers Gerhard Spitzer, der mit erheblichem medialen Aufwand seine Theorien vor einem Saal mit über 1000 Besuchern präsentierte, und mich nachhaltig für die Abläufe im Gehirn faszinierte. Oder an Videos des philosophisch klar denkenden Managementautors Reinhard Sprenger.

Wenn wir uns faszinieren lassen, von der Musik, von der Predigt, von der Rede, und zulassen, dass wir im Innersten bewegt werden, entwickeln wir unsere Fähigkeit, hinter die Worte zu hören. Wir bekommen eine Ahnung davon, was diese Menschen bewegt, was sie anderen Menschen und auch uns mitzugeben haben. Und das betrifft auch mich.

## 8.2 Unfaires, Lampenfieber und Co. – wenn der Funke nicht überspringt

Lampenfieber ist etwas ganz Normales, fast alle Menschen empfinden es, einige leiden darunter. Grundsätzlich gesprochen ist es sogar notwendig und sinnvoll. Wir stehen auf der Bühne und sprechen zu einer großen Zahl von Menschen. Warum sollten wir da nicht energetisch auf einem höheren Niveau sein als im Alltag? Wir präsentieren vor einem Expertengremium einen komplizierten Sachverhalt, den wir lange vorbereitet haben. Dürfen wir dabei nicht ein wenig gespannter und erregter sein als im Alltag? Wir brauchen das Lampenfieber nicht als unseren Feind anzusehen, den es zu bekämpfen gilt, sondern als unseren Freund, als unseren Unterstützer. Lediglich in seiner übertriebenen Form, in der es sich zu einer Angst ausweitet, empfindet man es als begrenzend und bisweilen lähmend (dazu folgen weiter unten noch ein paar Gedanken). Doch in seiner gemäßigten Form sollten wir das Lampenfieber begrüßen. Es beschleunigt, wir sind agiler, denken schneller und sind erheblich aufmerksamer und wacher. All dies hilft uns auf der Bühne.

Lampenfieber unterstützt uns in der Vorbereitung, denn es zeigt uns, an welchen Aspekten wir arbeiten dürfen. Vieles, was Sie bisher gelesen haben, können Sie in den direkten Zusammenhang mit dem Lampenfieber stellen, insbesondere die Kapitel 5.4, 6.2 und 6.3. Letztlich befähigt alles, was Sie für Ihre Selbstwahrnehmung und -entwicklung tun, Sie für einen souveräneren Umgang mit dem Lampenfieber. Sie kennen Ihre individuellen Schwachpunkte, wissen, was Ihnen Angst machen könnte, und erwerben einen immer kompetenteren Umgang damit.

Lampenfieber in seiner unangenehmen Form empfinden wir als Angst. Wir haben Angst davor zu versagen, zurückgewiesen oder bloßgestellt zu werden. Bei der Versagensangst befürchten wir, Ansprüchen nicht genügen zu können, Fragen nicht beantworten oder nicht verstehen zu können und auf Provokationen und Angriffe nicht souverän und überlegen reagieren zu können. Hierzu gehört auch noch die Angst vor einer totalen Blockade des Denkens.

Die Angst vor Zurückweisung könnten wir empfinden, weil wir glauben, nicht zu einer sozialen oder intellektuellen Gruppierung dazuzugehören, was man uns auf der Bühne spüren lässt, und dadurch im wahrsten Sinne des Wortes allein auf weiter Flur zu sein. Vielleicht ist die soziale Isolierung die größte Herausforderung in diesem Zusammenhang. Ähnlich verhält es sich bei der Angst, bloßgestellt zu werden. Wir befürchten, keinen Rückhalt bei unseren Vorgesetzten oder uns wichtigen Personen zu haben, keine Resonanz bei unseren Zuhörern zu bekommen oder schlicht und einfach fehl am Platze zu sein oder albern herüberzukommen. Mit all diesen angstmachenden Aspekten des Lampenfiebers dürfen und sollten wir uns auseinandersetzen. (Mit dem Aspekt der sozialen Isolierung haben wir uns bereits in Kapitel 5.1 *Erforschung des kommunikativen Innenlebens* und 5.4 *Hinschauen* auseinandergesetzt.)

**Herausforderungen – wenn es unfair wird**

Noch einmal spannender wird es, wenn wir die von den anderen Menschen ausgehenden Verunsicherungen und Provokationen anschauen. Dabei müssen wir genau unterscheiden zwischen Signalen, die über die Menschen etwas aussagen, und den Signalen, die tatsächlich an uns und eventuell gegen uns gerichtet sind. Hermann-Ruess weist darauf hin, dass nur bei 10% der Angriffe eine bewusste Absicht unterstellt werden kann[129]. Die anderen 90% beziehen sich auf die Personen selber oder sind zufälliger Natur und haben mit sehr hoher Wahrscheinlichkeit mit uns überhaupt nichts zu tun. Darauf hatte ich schon im Kapitel 3.6 *Die Verantwortung der anderen?* hingewiesen.

129 Vgl. Hermann-Ruess 2012, S. 188.

Bewusste und unfaire Angriffe zielen darauf ab, uns zu verunsichern. Sie sollen uns emotional treffen, uns mit unseren Emotionen beschäftigen und von der Sache ablenken. Der Angreifer versucht sich dabei in die Rolle des aktiv Handelnden zu bringen, wir sollen die Reagierenden werden und hätten damit die schwächere Position[130]. Die Herausforderung besteht darin, sich eben nicht emotional verwickeln zu lassen und in Ruhe und Souveränität zu reagieren. Dann können wir bei unserem Thema bleiben und lassen uns nicht in ein Streitgespräch verwickeln. In Kapitel 5.1 *Erforschung des kommunikativen Innenlebens* haben Sie einige Hinweise gelesen, wie wir unsere innere Balance stärken können. Auch die ordnende Funktion des Blicks, wie sie in Kapitel 8.4.1 *Inhalte* und Kapitel 8.4.2 *Abläufe* dargestellt wird, kann hier unterstützend sein.

Es geht nicht darum, eine große stabile Mauer um uns zu errichten, die uns vor Angriffen schützt. Diese Mauer müssten wir von innen her mit derselben Energie aufrichten, mit der sie von außen bestürmt wird. Das bindet viel zu viel Kraft, lenkt uns vom Eigentlichen ab und nützt außer in einem Moment des extremen Angriffs nicht. Diese Verhärtung schadet uns in allen anderen Fällen. Es geht um unsere Unabhängigkeit, um unsere Freiheit, den Dingen eine Bedeutung für uns selbst zu geben – oder eben nicht. Es ist unsere Entscheidung, nicht die Entscheidung eines anderen.

Die Formulierung »It's not about you« beschreibt eine für solche Extremsituationen praktikable innere Einstellung. Denn einerseits hat ein Angriff viel mit dem Angreifer selbst zu tun und weniger mit uns selbst, andererseits richtet sich sehr viel gegen die Rolle, die man im Moment einnimmt. In übertriebener Form finden wir diese innere Haltung gelegentlich in der Literatur. Max Frisch beschreibt in seinem Roman »Mein Name sei Gantenbein« den Botschafter einer Großmacht, der sich entschieden hat, ausschließlich die Rolle zu spielen, sein Inneres aber vollständig vor den Menschen zu verbergen. Sicherlich, eine etwas weitgehende Entscheidung, aber sie macht etwas deutlich: Der Botschafter ist innerlich völlig unabhängig. »Er ist heiter und würdig, und die an ihm zweifeln, verwunden ihn nicht; er braucht sie nicht zu fürchten und nicht zu hassen, nur zu bekämpfen.«[131]

130 Ebda, S. 189.
131 Frisch 1964, S. 183.

Mit diesen Gedanken möchte ich anregen, dass wir uns nicht dazu verführen lassen, emotional und spontan zu reagieren. Wenn wir die emotionale Unabhängigkeit haben, wenn wir selbst entscheiden, wie wir etwas bewerten, wenn wir nicht automatisch eine auftretende Emotion oder ein äußeres Ereignis zu unserer eigenen Wahrheit machen, können wir nachdenken und eine zweckdienliche Lösung finden. Selbstverständlich können wir, wenn es nötig ist, Goethes gern zitierten groben Keil[132] für einen groben Klotz verwenden. Aber wir handeln dann geplant und vernunftgesteuert, schießen nicht mit Kanonen auf Spatzen. Und wir bleiben Herr der Lage.

Wenn Sie vermehrt mit unfairen Angriffen und Störern zu tun haben, kann es sinnvoll sein, Seminare für Schlagfertigkeit und den Umgang mit Angriffen zu besuchen. Damit Sie in sich ruhend und mit offenem Blick Ihren Widersachern in die Augen schauen können.

## 8.3 Sehen und gesehen werden

*Wenn ein Schüler nicht guckt, während ich mit ihm rede ...*
*Das macht mich wahnsinnig!*
Markus Jung, Cellist, Instrumentalpädagoge

### 8.3.1 Sie leben von Ihren Zuhörern – sehen Sie sie

Ihre Zuhörer sind Ihr Spiegel. Nehmen Sie sie ernst. Und vor allem, nehmen Sie sie wahr. Die von Ihnen vorgetragenen Inhalte können sich nur dann wirksam im Bewusstsein Ihres Auditoriums verankern, wenn sie tatsächlich auch ankommen. Überprüfen Sie es. Ihre Rede haben Sie perfekt vorbereitet und Sie sprechen selbstverständlich frei. Daher können Sie beobachten,

132 Goethe, Im neuen Jahre Glück und Heil:
Im neuen Jahre Glück und Heil,
Auf Weh und Wunden gute Salbe!
Auf groben Klotz ein grober Keil!
Auf einen Schelmen anderthalbe!

wie Ihre Rede wirkt. Sie sehen in einzelnen Gesichtern, ob man Ihnen mit Interesse folgt. Und Sie sehen vor allem in den Augen, wie das Gesagte bei den Menschen ankommt. Sie nehmen die Blicke der Zuhörer wahr und lassen sich ein. Sie bleiben dran. Dadurch erfahren Sie sehr viel. Sie erleben, wie Sie fortfahren sollen. Sollen Sie eine Passage wiederholen? Sollen Sie lauter reden, sollen Sie die Inhalte langsamer darstellen, sollen Sie leiser reden? All dies spiegelt sich. Es zeigt sich in den Augen Ihres Gegenübers[133]. Sie befragen Ihre Emotionen und passen den Vortrag an.

Wenn es Ihnen gelingt, so vorzugehen, wird es eine lebendige, ja fast tänzerische Kommunikation zwischen Ihnen und Ihrem Publikum geben. Das Publikum und Sie begeben sich in eine spielerische Resonanz, die den Vortrag zu einem Erfolg werden lässt. Je sicherer Sie sind, je freier Sie die Impulse von den Zuhörern aufnehmen, umso souveräner werden Sie sprechen können. Sie werden sich wohlfühlen und es wird Ihnen großen Spaß machen, öffentlich zu reden. Und dieser Spaß wird sich natürlich auch auf die Zuhörer übertragen.

Insofern lebt nicht nur das Publikum von Ihnen, indem Sie Inhalte und Ideen vermitteln, sondern Sie selber leben in einem großen Maß von Ihrem Publikum, indem die Qualität des Vortrags durch seine Reaktionen wesentlich bestimmt wird. Charles Goodwin hatte die Beeinflussung des Sprechers durch die Zuhörer bereits für kleine Gruppen erforscht, es gilt aber offensichtlich auch für große Gruppen und ganze Säle (vgl. Kap. 7.1.1 *Nicht für Statisten – Charles Goodwin*).

## 8.3.2 Und es geht doch – schwieriger Blickkontakt

Manchmal glauben wir, es geht nicht. Manchmal können wir einer Person nicht in die Augen schauen. Klar, wir könnten mit großem inneren Aufwand dieser Person auf die Nasenwurzel genau zwischen die Augen schauen, um den direkten Blickkontakt zu vermeiden (vgl. Kap 2.2.2 *Angst, dem Gesprächs-*

133 Das ist es, was Markus Jung im obigen Zitat vermisst: die Wirkung seiner Worte in der Spiegelung des Gesprächspartners erspüren zu können.

*partner ins Gesicht zu sehen*, besonders die Übung). Das braucht erhebliche Willensstärke, denn wir müssen uns dazu zwingen, entgegen unserem Gefühl diesen unpersönlichen Blick zu benutzen. Damit schneiden wir uns aber auch von unserer eigenen Wahrnehmung und unser eigenen Klarheit ab. Den Blick auf die Nasenwurzel kann ich deshalb in keinem Fall empfehlen. Bleiben Sie stattdessen hellwach. Ihre Irritation ist der beste Wegweiser für die weiteren Entwicklungen. Vielleicht wollen Sie noch einmal im Kapitel 5.1.2 *Andere verstehen statt zu (ver-)urteilen* nachlesen, wie man durch Verständnis besser in sich ruhen kann. Oder Sie benutzen andere Wege, um ein besseres In-sich-Ruhen zu erreichen.

In jedem Falle dürfen wir solche Irritationen als Chance begreifen. Sie zeigen uns den Weg, den wir beschreiten können. Wir können unseren Blickwinkel ändern und Verständnis dafür entwickeln, dass das, was wir als Ablehnung unserer Person empfinden, möglicherweise überhaupt nicht gegen uns gerichtet ist, sondern vielmehr mit der anderen Person zu tun hat oder unserer Rolle gilt[134]. Wir können versuchen zu verstehen, dass möglicherweise unsere Empfindungen mit der aktuellen Situation weniger zu tun haben als mit unseren alten Verhaltensmustern. Wir können daran arbeiten, mit Atembeobachtung unsere Fokussierung und Zentrierung zu verbessern und uns nicht aus dieser Mitte herausdrängen zu lassen, wenn wir dem Blick dieser anderen Person begegnen. Und dann treten wir auch den Persönlichkeiten mit dem starren Blick frei und offen gegenüber, schauen ihnen in die Augen und halten sicher und überzeugend unsere Rede.

**Fallbeispiel: Klarer Blick in Besprechungen** !

Erfahrungsbericht einer Krankenschwester auf der Intensivstation: »In den Besprechungen geht es häufig um schwerwiegende Entscheidungen. Ich traute mich nie, meine Meinung zu sagen. Schon die einfachsten Antworten schaffte ich nicht, ohne rot zu werden. Ich hatte einen solchen Schiss! Die anderen wussten immer genau, was sie wollten, ich fühlte mich so klein und unbedeutend.
Bis ich meinen Blick umgestellt habe. Jetzt schaue ich sie alle an, die anderen Krankenschwestern, die Stationsleitung, die Ärzte, direkt in die Augen. Und plötzlich hören sie mir zu! Das war eigentlich gar nicht so schwer. Wovor hatte ich denn früher eine solche Angst?«

134 Vgl. Kap. 8.2 *Unfaires, Lampenfieber und Co.*

### 8.3.3 Mich im Anderen sehen – verletzlich sein

*Solange der Mensch sich nicht selbst in den Augen und Herzen seiner Mitmenschen begegnet, ist er auf der Flucht.*
Hildegard von Bingen

Die wirklich große Herausforderung ist es, nicht nur den uns schwierig vorkommenden, sondern einen jeden einzelnen Menschen lange mit offenem Blick anzusehen und ihn auf sich wirken zu lassen. Wie schwer fällt es uns, jemandem länger in die Augen zu schauen! Wir halten es nicht aus, müssen wegsehen, fangen an zu lachen, es ist einfach schwer. Was macht es so schwer? Mit was werden wir so sehr konfrontiert, dass wir es kaum oder nicht aushalten? Sicher, es gibt im Blick das Abklopfen der Position, wer ist der Höherstehende, wer der Tieferstehende. Aber dahinter ist noch mehr. Die wirkliche Verunsicherung entsteht dadurch, dass wir mit unserem Selbst(bild) konfrontiert werden. Das »Es funktioniert ja soweit alles ganz gut« funktioniert nicht mehr. Erinnern Sie sich an das Beispiel des jungen Managers, der sich getraut hatte, diesen Blick auszuprobieren?[135] Die Herausforderung für ihn war so groß, dass er »die Grundpfeiler meiner Existenz« gefährdet fühlte. Für ihn war es normal, mit Distanz und ohne mitzuempfinden auf Menschen und Dinge zu schauen. Aber sich auf den anderen einzulassen, sein Schutzschild herunterzunehmen, sich einzuschwingen auf die »Grundpfeiler der menschlichen Existenz«, das war ihm fremd.

Wir dürfen uns stellen. Und hinschauen. Der Blick in die Augen des anderen ist der Blick auf uns selbst. Wir können uns nicht mehr verstecken. Der andere sieht uns, so wie wir sind, und wir selber sehen uns, so wie wir sind. Das ist eine große Herausforderung und eine noch größere Chance.

Wäre das nicht der Idealzustand? Einverstanden zu sein mit dem, was man sieht? Bereit zu sein, seine Schwächen zu sehen und vielleicht darüber zu lächeln? Verletzlich zu sein und sich damit als absolut menschlich zu erweisen? Souverän zu sein im Sinne des vollständigen Einlassens (und nicht der vollständigen Kontrolle)? Nichts vertuschen zu wollen? Entwicklungsmög-

135 Vgl. Kap. 5.4 *Die Brücke bauen*.

lichkeiten im Blick zu haben (statt Handlungsanweisungen durchsetzen zu wollen)?

## 8.4 Augen strukturieren

Wir können unsere Augen auch einsetzen, um unserem Auftritt und unserer Rede Struktur zu geben. Sie sind ein erstaunlich wirksames Mittel. Denn genau, wie wir von unseren Zuhörern eine Menge Informationen über den Blickkontakt bekommen, können wir auf diese nonverbale Art auch die äußere Form einer Versammlung beeinflussen. Es ist ein gegenseitiges Geben und Nehmen. Es gibt verschiedene Ebenen, auf denen wir mit unseren Augen strukturierend vorgehen können.

### 8.4.1 Inhalte – strukturieren Sie mit Ihren Augen

*Ich selbst fühle mich viel besser, mein Sprechen hat viel mehr Struktur – und das Gedaddel auf den Handys ist deutlich weniger.*
Jasmine Müller, Lehrerin in der Erwachsenenbildung

Sie sind bestens präpariert und schaffen es locker, mit dem Publikum im Augenkontakt zu sein. Unsicherheit könnte lediglich bei der Frage entstehen, wie lange ich eine Person anschauen soll. Eine Zeitangabe wie zum Beispiel ca. 3 Sekunden hilft hier nicht weiter, wenn auch dieser Zeitrahmen möglicherweise als Ergebnis von Untersuchungen ein ganz guter Wert ist. Jedoch nützt uns ein willensmäßiger Impuls recht wenig. Es ist schlichtweg unmöglich, während ich rede und parallel die Reaktionen der Zuhörer erspüre, zusätzlich innerlich 21-22-23 zu zählen. Wir brauchen eine andere Idee.

Wir können den Blickkontakt z.B. mit einer Sinneinheit verbinden. D. h., ich spreche einen halben oder einen ganzen Satz gezielt zu einer Person und wechsle dann zur nächsten Person. Wichtig hierbei ist, bis zum Ende des Gedankens mit den Augen bei dieser Person zu bleiben und bis zum Ende des jeweiligen Halbsatzes/Satzes ihre Reaktion zu erspüren.

!

**Übung: Blick – Sinneinheit**

Ein erster Übungsschritt ist es, den eigenen Namen mit Blickkontakt zu einer Person zu sprechen, und wirklich erst nach dem Verklingen der Stimme wieder woanders hinzuschauen. Die Aufgabe dabei ist es, zu schauen, ob die Person Ihren Namen wirklich verstanden hat. So Sie einen etwas komplizierten, ungewöhnlichen oder auch ausländischen Namen haben, ist diese Übung essenziell. Sie werden erleben, dass die Menschen sich Ihren Namen viel besser merken können, nachdem sie ihn gut verstanden haben und Sie dieses auch mit dem Blick verfolgt und überprüft haben. Üben Sie mit Freunden: »Mein Name ist …«
Als nächsten Schritt überlegen Sie sich genau, wann Sie bei der Begrüßung zu einem Vortrag den Blick wechseln. Das könnte so aussehen:

1. Person – Guten Tag, meine Damen und Herren,
2. Person – ich begrüße Sie heute herzlich zum Vortrag mit dem Thema
3. Person – »Ich seh dir in die Augen, Kleines –
4. Person – damit gute Kommunikation gelingt«

Achten Sie darauf, dass Sie während des Blickwechsels nicht reden. Es soll nur gesprochen werden im direkten Augenkontakt mit Menschen. Und bleiben Sie bitte bis zum Verklingen der letzten Silbe mit Ihren Augen bei der Person.

In den Seminaren und vor allem in der Praxis wird diese Übung als sehr wirkungsvoll erlebt. Wenn sie auch für manche Menschen anfangs nicht leicht umzusetzen ist, ist sie doch in verschiedenerlei Hinsicht hilfreich und wirksam. Man hat einen geordneten Ablauf (zu bestimmten Zeitpunkten Blickwechsel), der mit einer Wahrnehmungsaufgabe verbunden ist und damit eine klare Motivation schafft (sehen, ob die Menschen mich verstehen). Dieser Ablauf strukturiert den Inhalt, man redet geordneter und die Menschen können es besser verstehen. Man hat Blickkontakt zu einzelnen Menschen, was etwas Vertrautes ist und damit Sicherheit gibt (vgl. Kap. 5.3.2 *Das Vertraute im Blickkontakt zu Fremden*). Durch die strukturierende Aktivität des Blickkontakts steuert man die Situation und erlebt sich als Führungsperson, was auf die Selbstsicherheit und damit die Qualität der Rede zurückwirkt. Und schließlich: Wo ist bei all der Aktivität noch Raum für aufkommendes Lampenfieber?

## 8.4.2 Abläufe – strukturieren Sie mit Ihren Augen

*Meine Intention zeigt sich im Blick.*
*Das Pferd weiß genau, was als nächstes passieren soll.*
Verena Müller – Aus der Stille, Lyrikerin

**Fallbeispiel: Elegante Abläufe in Schulungen** !

Karin ist Dozentin in der Finanzwirtschaft. Mühsam findet sie es, bei den Schulungen die Teilnehmer hinter den Bildschirmen sitzen zu haben, was den Blickkontakt erschwert, denn sie ordnet hierüber sehr vieles im Ablauf. Die Rollen der Teilnehmerinnen und Teilnehmer im Verhältnis zu ihrer Rolle als Dozentin klären sich in 99% der Fälle über den Blick, ganz selten muss sie verbal eingreifen, wenn eine Person sich nicht einlassen will, nicht mitmacht oder ständig ins Wort fällt. Mit dem Blick prüft sie, wie weit sie mit einer Gruppe gehen und inwieweit sie angespannte Situationen auflösen kann, um Neues zu ermöglichen, um Lernen zu unterstützen. Nur über den Blick, meint sie, sei es möglich, Protestler mehr zu sich zu nehmen und die Begeisterten einzufangen und zu unterstützen. All dies schafft eine intensive Verbindung zu den Menschen, was aber nur möglich ist mit einer geklärten inneren Haltung.
Sie findet es auch bei zwei Dozenten im Raum sehr angenehm, sich mit dieser zweiten Person ebenfalls über den Blick abzustimmen. Das erspart viele Worte, Missverständnisse und geht sehr flott. Da es schnell und reibungslos funktioniert, ist es auch für die Teilnehmer angenehm, weil es einen schnellen Fortschritt der Veranstaltung garantiert. Sie hält zudem, wenn der zweite Referent spricht, den Blickkontakt zur Gruppe, was ebenfalls den Kontakt verbessert.

**Fallbeispiel: Ordnung im Gerichtssaal** !

»Der Blick drückt immer etwas aus«, sagt Richter Alexander Schulze. Er macht sehr viel über den Blick, steuert seine Sitzungen im Wesentlichen durch den Kontakt mit den Augen. Ganz bewusst lässt er seine innere Einstellung sichtbar werden. Sein Missfallen bekommen die Sitzungsteilnehmer ebenso über den Blick zu spüren wie seine Billigung. Dabei achtet er sehr genau darauf, was von den Menschen ausgeht. Er habe, so sagt er, eine sehr feine Wahrnehmung dafür, ob jemand kooperativ ist oder den Verhandlungsverlauf behindere. Das erkenne er sofort. Er spare sich viele Worte, da er die Unterstützer mit einem freundlichen Blick ermutigt weiterzumachen, während er die Bremser ebenfalls mit einem freundlichen Blick ermuntert, ihre starre Haltung aufzugeben. Das funktioniert in der Regel ganz gut, sagt er. Schwierigkeiten machen ihm solche Menschen, die unbewegt und starr vor sich hinblicken und sich keinen Millimeter bewegen. Ein Prozess, der aus gegenseitigem Nehmen und Geben besteht, ist mit solchen Menschen nicht möglich. Zum Glück ist dieser Fall sehr selten.

## 8.5 Ohne Blick – imaginierte Zuhörer

*Mit dem Klang der Stimme habe ich sofort wieder ein klares Bild der Person vor Augen, ein präzises Erinnern an das Kennenlernen und bisherige Begegnungen.*
Reinhard Schleeßelmann, international tätiger Diplom-Ingenieur

Und, werden Sie einwenden, was mache ich mit meinen Augen am Telefon? Wo genau schaue ich hin, wenn ich vor der Kamera stehe? Denn der Blickkontakt ist doch eine entscheidende Grundlage jeglicher Kommunikation? In der Tat. Denken Sie an Gespräche mit Menschen, deren Sprache Sie wenig oder gar nicht beherrschen, das Wesentliche läuft über Blickkontakt und Gestik. Den meisten von uns ist auch die Erfahrung vertraut, dass ein Telefonat in der Sprache, die nicht unsere Muttersprache ist, sehr viel schwerer fällt, selbst, wenn man die Sprache perfekt beherrscht. Es fallen einem die Worte nicht ein, die Satzkonstruktionen sind holprig, kurz, man ist weit unter seinem Niveau. Offensichtlich unterstützt der Blickkontakt wesentlich die Kommunikation (vgl. Kap 7.1.1 *Nicht für Statisten – Charles Goodwin*), auch wenn wir in unserer eigenen Sprache sprechen.

### 8.5.1 In der Telefonkonferenz

Am Telefon fehlt mir der Blickkontakt. Also gelten die bisher gesagten Dinge nicht? Doch! Die Ausstrahlung des Körperlichen, in der normalen Kommunikationssituation über die Augen aufgenommen, wird hier über das Ohr wahrgenommen. Denn die Stimme folgt in ihrem Klang sehr genau der Körperhaltung und der Körperspannung. Und diese werden direkt beeinflusst von der Intention und Einstellung. Unsere Gesprächspartner hören uns zwar nur, haben aber eine sehr präzise Wahrnehmung von unserer Befindlichkeit. Das ist auch der Grund dafür, warum ich den Seminarteilnehmern empfehle, bei wichtigen Telefonkonferenzen die Kleidung zu tragen, die sie bei einer realen Begegnung tragen würden, und eventuell sogar zu stehen und die Körperpräsenz zu verbessern. Ergänzend kann man sich natürlich noch ein Bild der Gesprächspartner auf den Bildschirm holen, um eine Vorstellung von der Runde zu bekommen. Empfehlenswert ist es weiterhin, seine Fokussierung durch gute Vorbereitung und evtl. einen optischen Reiz (schwarzer Punkt, siehe weiter unten) zu erhöhen.

### 8.5.2 Video- und TV-Kamera – lebendige Person mit aktivem Blick

Ein Bild sagt mehr als 1000 Worte, ein Video mehr als 1000 Bilder[136]. Werbebotschaften, Softwarefunktionen, Produktinformationen, Abläufe bei der Maschinenwartung, in manchen Unis sogar die ca. 15 Vorlesungen eines ganzen Semesters, jede 90 Minuten lang, sehr vieles steht inzwischen als Video zur Verfügung. Jeder Arbeitsschritt, jeder Handgriff, jeder Gedankengang kommt zu uns in Bild und Wort. Und schließlich: Wer seine eigene Homepage oder die einer Firma aktuell gestalten möchte, braucht einfach Videos.

Und hier lauern schon die Fallstricke. Wollen wir ein Hochglanzvideo, im Studio mit Schauspielern gedreht? Oder wollen wir ein persönliches Video in der angemessenen Arbeitsumgebung? Was spricht die Menschen mehr an, die Kunstatmosphäre oder das Charisma des Authentischen? Und wenn ich Videos aus meiner Umgebung haben möchte, kann ich die denn selber machen? Worauf ist zu achten? Soll ich frei reden oder die Rede Wort für Wort vorbereiten? Wirke ich überhaupt vor der Kamera?

Drehen wir den Spieß einfach einmal um. Was möchte ich als Zuhörer und Zuschauer erleben? Doch eine Person, die mit sichtbarer Überzeugung und Kompetenz und je nach Thema auch mit weniger oder mehr Begeisterung spricht. Die mir ihr Anliegen nahebringt, mich fesselt und das Zuhören leichtmacht. Das können Sie auch! Denn Sie sind, wenn Sie sich mit diesen Gedanken beschäftigen, fit in Ihrem Gebiet und sind es gewohnt, im persönlichen Gespräch zu überzeugen. Das brauchen Sie nur noch auf die Kamera zu übertragen.

136 Dieses Unterkapitel finden Sie ebenfalls auf meiner Homepage www.wahrnehmung-verfeinern.de.

Es gibt natürlich ein paar Unterschiede. Der Körper wird vor der Kamera viel ruhiger gehalten, die Amplituden der Bewegungen sind klein, andernfalls würde es sehr unruhig wirken. Ebenso muss die Gestik der Tatsache angepasst werden, dass man in der Regel nur mit seinem Oberkörper zu sehen ist, d.h., die Gesten sind sehr viel kleiner als beim öffentlichen Reden. Wie kann man das üben? Einfach ein Buch auf dem Kopf balancieren und dabei sprechen. Schauen Sie sich das Ergebnis im Video an, Sie werden schon viel ruhiger dastehen.

Das Entscheidende ist aber schließlich der Blick. In der öffentlichen Rede sprechen Sie zu Menschen, zu einzelnen Menschen. Sie überprüfen ständig, ob das Gesagte ankommt, indem Sie mit offenen Sinnen den Gesichtsausdruck einzelner Menschen im Saal auf sich wirken lassen. Sie wechseln zwischen den Personen hin und her und haben so einen guten Eindruck, ob das, was Sie sagen, auch tatsächlich ankommt. Das stellen Sie sich vor der Videokamera vor. Sie schauen in die Linse und denken sich eine Person dahinter und sprechen für diese. Mit dem nächsten Gedanken stellen Sie sich eine weitere Person vor, sodass Sie auch hier beim Sprechen im Blickkontakt mit einer Person sind (vgl. Kap 8.4.1 *Inhalte – strukturieren Sie mit Ihren Augen*). Dadurch wird, wie Sie bei den Probeaufnahmen sehen werden oder schon gesehen haben, der Blick sehr ruhig und stetig und bekommt auch etwas Persönliches, da Sie mit einer – wenn auch imaginierten – Person sprechen und mit ihr über die Augen kommunizieren. Wenn Ihnen das gut gelingt, wird sich mit jeder neu vorgestellten Person Ihre Sprache ein wenig ändern.

Und schließlich das Sprechen selbst. Sprechen Sie frei, wie in einem persönlichen Gespräch. Der sachliche Inhalt ist Ihnen doch sowieso klar, den brauchen Sie nicht aufzuschreiben. Machen Sie sich einige Stichworte, legen Sie diese auf ein Pult in Sichtweite dicht bei der Kamera und erlauben Sie sich, gelegentlich (ich meine wirklich, gelegentlich) darauf zu schauen. Das stört nicht, man merkt, dass Sie sich inhaltlich konzentrieren. Und das kommt herüber.

Studieren Sie Interviews und Diskussionen im Fernsehen und ziehen Sie daraus Ihre Schlüsse. In der Regel brauchen wir nicht die Perfektion eines Fernsehmoderators zu entwickeln, was auch keiner erwartet. Eine gute zeitliche Balance zwischen Augen in der Linse und Augen beim Konzept bzw. Interviewpartner dürfte ihre überzeugende Wirkung nicht verfehlen.

Die Menschen an den Bildschirmen erleben nun einen von der Sache überzeugten und kompetenten Menschen, der engagiert und je nach Thema auch begeistert/begeisternd über etwas spricht. Ein Schauspieler, das sei nur noch einmal eingeflochten, wird möglicherweise etwas brillanter sprechen und geübter lächeln, aber er wird nicht so authentisch wirken, da er von der Materie sehr viel weniger Ahnung hat als Sie. Das wird das Publikum wahrnehmen. Authentizität, davon bin ich fest überzeugt, hat in der Flut der Bilder absolute Priorität. Denn womit wollen Sie sich sonst sehen lassen, wenn nicht mit Ihrer Begeisterung, Ihrer Kompetenz und Ihrer beeindruckenden Persönlichkeit?

## 8.6 Ohne Blick – Kontakt und Intensität

In diesem Buch geht es hauptsächlich um die Frage des Blickkontakts, um das Wechselspiel zwischen Sprecher und Zuhörer. Entscheidend bei diesem Blickkontakt, das dürfte deutlich geworden sein, ist das interessierte Zugewandt-Sein zum Gesprächspartner. Und das kann mitunter auch ohne Blickkontakt hergestellt werden.

Dieser Blickkontakt ist sogar ein Kulturphänomen. Nancy Kline berichtet beschämt von einer Ureinwohnerin Australiens, die nach einem Vortrag zu ihr kam: »Nancy, Augenkontakt ist in unserer Kultur ein Zeichen von Respektlosigkeit.«[137] In einer gemeinsamen Sitzung lernte Nancy dann, wie man schweigend und ohne Augenkontakt intensiv Anteil aneinander nehmen und miteinander kommunizieren kann. Und erweiterte ihr Weltbild.

**Fallbeispiel: Reden ohne Blickkontakt** !

Im Seminar ging es um freies Reden. Die Teilnehmer zogen eine Karte und sprachen frei über Begriffe wie Demut, Ganzheit, Harmonie oder Vertrauen. Die Aufgabe war es, spontan und ohne Nachzudenken zu reden. Wir wollten beobachten, wie sich durch den Kontakt zum Auditorium die Gedanken formten. Eine Teilnehmerin las den Begriff auf ihrer Karte und schaute dann zu Boden. Ihr Blick blieb die gesamte Rede lang auf dem Fußboden. Sie sprach aber mit einer so hohen Intensität, dass wir alle fasziniert zuhörten. Vermutlich war es die intensivste Rede dieses Seminars. Und ohne Blickkontakt.

137 Vgl. Kline 2016, S. 59.

Offensichtlich gelingt es in seltenen Situationen, auch ohne direkten Blickkontakt durch mentale Fokussierung und emotionales Miterleben die Zuhörer in den Bann zu ziehen.

### 8.6.1 Der Punkt

*Natürlich bin ich mit meinen Augen bei den Augen der Kinder!*
*Aber wenn ich Puppenspiel mache – dann sind meine Augen*
*bei den Puppen, meine ganze Konzentration ist dort.*
*Und die Kinder verfolgen mit größter Spannung das Spiel,*
*weil die Puppen meine ungeteilte Aufmerksamkeit haben.*
Eva Scherm, Kindergärtnerin im Waldorfkindergarten Hof

»Ich kann doch nicht die ganze Zeit den Menschen in die Augen schauen!«, wird häufiger in den Seminaren eingeworfen. Richtig! Tun wir auch nicht. Vergleichen Sie es bitte einfach einmal mit einem persönlichen Gespräch in der Familie, mit Freunden. Ihr Blick wird abschweifen, wieder zu den Augen der Zuhörer zurückkehren, woanders hingehen, wieder zurückkehren. In dieser entspannten Situation funktioniert der Prozess locker, natürlich und der Situation angemessen. Bei Auftritten ist das anders, die Natürlichkeit und eine authentische Handlungsweise haben wir vielleicht noch nicht zu 100% gefunden, deshalb benötigen wir anfangs Hilfestellungen. Neben dem Blickkontakt mit einzelnen Menschen mit all seinen verschiedenen Facetten hat sich hier ein 10-cm-Punkt bewährt.

! **Übung: Schwarzer 10 cm-Punkt**

Drucken Sie in die Mitte eines Blatts einen schwarzen Punkt mit ca. 10 cm Durchmesser und befestigen Sie das Blatt an der Ihnen gegenüberliegenden Wand, etwas über den Köpfen der (vorgestellten) Zuhörer. Halten Sie nun Ihre Rede, sprechen Sie, ohne den Punkt aus dem Blick zu verlieren. Wie geht es Ihnen damit? Wie konzentriert sind Sie bei Ihrem Inhalt? Wie strukturiert fließen Ihre Gedanken und Worte?

In einem zweiten Übungsschritt wechseln Sie zwischen Blickkontakt und Punkt hin und her. Einige Sätze sprechen Sie im Blickkontakt mit Sinneinheit (s. die Übung in Kap. 8.4.1) mit den Zuhörern, einige Sätze im Kontakt mit dem Punkt. Wie geht es Ihnen damit, womit fühlen Sie sich wohler? Und die entscheidende Frage: Welche Rückmeldungen bekommen Sie von Ihrem Auditorium?

Was steht dahinter? Warum ist diese Übung in den meisten Fällen so wirkungsvoll? Vermutlich geht es um mehrere Dinge. Zum Ersten sind unsere Sinne und unsere Wahrnehmung aktiv. Das Auge ist mit einer klar definierten Aufgabe betraut. Durch den Wechsel zwischen persönlichem Blickkontakt und Punkt an der Wand beschäftigt es sich jedes Mal mit etwas Neuem und fokussiert die Aufmerksamkeit. Zum Zweiten treten wir über den Punkt mit etwas außerhalb von uns selbst in Kontakt, etwas, das in der jeweiligen Umgebung die maximal mögliche Entfernung von uns hat, da es am hinteren Ende des Raums bzw. Saals angebracht ist. Damit spannen wir mit unserer Aufmerksamkeit einen Bogen durch den gesamten Raum. Dies erhöht erheblich unsere räumliche Präsenz, was die Zuhörer unbewusst wahrnehmen werden. Ein dritter Aspekt dürfte sein, dass wir mit dieser Wahrnehmung von unserem Innenleben abgelenkt sind, das insbesondere in anspruchsvollen Situationen von Nervosität und Ängsten bedrängt werden kann (s. Kap. 8.2 Unfaires, Lampenfieber & Co.). So können wir ruhiger und klarer denken und damit strukturierter unsere Gedanken und Ideen für das Auditorium ausbreiten. Diese Übung hat übrigens auch bei Musikern eine beeindruckende Wirkung. Durch die Kontaktaufnahme zu dem weit entfernten Punkt im Saal sind sie plötzlich nicht mehr auf ihre Fingersätze, die Perfektion oder die Steigerung des Ausdrucks fixiert, sondern sie tragen ihre Musik in die Weite.

### 8.6.2 Gemeinsam in eine Richtung

*Kleine Kinder entwickeln bereits ab dem späten Säuglingsalter eine wichtige Fähigkeit, die sogenannte »joint attention«. Damit ist die gemeinsam gerichtete Aufmerksamkeit auf bestimmte Dinge gemeint, die bei jüngeren Kindern noch in näherer Entfernung, bei älteren auch sehr weit weg sein können. Der Erwachsene zeigt zum Beispiel mit dem Finger auf einen Gegenstand oder blickt auch nur in eine bestimmte Richtung – und das Kind als Gegenüber schaut nicht länger auf den Finger selbst oder in das Gesicht, sondern blickt den gezeigten Gegenstand an. So entsteht ein Wechselspiel zwischen den Beteiligten, die viel Freude macht und*

*Bindung stärkt. Durch die gemeinsame Aufmerksamkeit kann soziale Interaktion entstehen, die wiederum Lernen in vielfältigen Entwicklungsbereichen ermöglicht. Wenn Kinder diese »joint attention« nicht zeigen, kann dies als Hinweis auf eine tiefgreifende Entwicklungsstörung gelten (wie z. B. Autismus).*

Susanne Krüger,
Kinderärztin im Sozialpädiatrischen Zentrum Hochfranken (Hof)

Eine gute Möglichkeit, mit dem Blick für Gemeinsamkeit und gemeinsame Schwingung zu sorgen, ist, gemeinsam in eine Richtung zu schauen. Wenn Sie an einer Tafel oder einem Flipchart schreiben, schauen Sie gemeinsam mit den Zuhörern in eine Richtung. Sie entwickeln einen Gedanken schreibend, die Zuhörer verfolgen den Prozess aktiv mit. In deren Geist entsteht das Bild gleichzeitig mit dem Prozess des Schreibens. Dies ist eine sehr gute Möglichkeit, um gemeinsam Gedanken zu entwickeln. Dasselbe geschieht, wenn Sie an einer Pinnwand arbeiten und den Überblick mithilfe von (vorbereiteten) Kärtchen entstehen lassen. Das Tempo wird bestimmt durch den Prozess des Kärtchenanheftens, die Zuhörer sind aktiv dabei. Das gemeinsame Daraufblicken synchronisiert den Geist des Vortragenden mit dem Geist der Zuhörer. Genießen Sie dieses in den nächsten Präsentations- oder Unterrichtssituationen, die Sie als Zuhörer oder als Gestaltender erleben.

Wie läuft dieser Prozess nun bei der häufig bevorzugten PowerPoint-Präsentation ab? Üblicherweise hat der Referent vor sich seinen Bildschirm, auf dem er sieht, was hinter ihm vergrößert an der Wand erscheint. Die Zuhörenden blicken auf die Wand hinter ihm, er blickt auf seinen Bildschirm oder in Gesichter, die von ihm abgewendet sind. Wir haben uns an diese Situation gewöhnt, sowohl als Vortragender als auch als Zuhörende. Aber überlegen Sie bei der nächsten PowerPoint-Präsentation, die Sie unweigerlich im Lauf der nächsten Tage halten oder miterleben werden, ob diese Art der Kommunikationsgestaltung wirklich zum gemeinsamen Entwickeln von Ideen und Gedanken günstig ist.

**Übung: Gemeinsam schauen** !

Sicherlich wird man Leinwandpräsentationen in großen Veranstaltungen wie Vorlesungen oder Vorträgen einsetzen. Wenn Sie bei einem Fachvortrag 2000 Zuhörer oder als Lehrender in der Vorlesung 500 Studenten vor sich haben, wird es nicht anders gehen. Vielleicht lassen sich solche Situationen aber auch lebendiger gestalten, wenn Sie das Element des Gemeinsam-auf-etwas-Blickens und den direkten Kontakt einsetzen.

Das kann so geschehen, dass Sie in der Präsentation einzelne Worte oder Zeichnungen per Animation hinzukommen lassen, während Sie gemeinsam mit dem Publikum darauf schauen, oder indem Sie die Präsentation ausschalten und etwas an der Tafel oder Pinnwand entwickeln. Wohlüberlegt eingesetzt, dürfte beides zu einer verbesserten Wirkung des Vortrags beitragen.

In Kleingruppen bis ca. zwölf Personen kann man auch sehr gut auf dem Fußboden arbeiten. Die Gruppe steht kreisförmig um das Arbeitsfeld, die Ideen werden gut lesbar auf Kärtchen geschrieben und auf den Boden gelegt. Dann bringt man gemeinsam die Ordnung hinein.

**Fallbeispiel: In eine Richtung schauen** !

Der hundertköpfige Stadtchor Freiberg/Sachsen bereitet sich auf eine USA-Reise vor. Dabei sitzt jeder buchstäblich auf seinem eigenen Stuhl. Chorleiter Peter Rülke im Radiointerview[138]: »Als wir in den von der Stadt zur Verfügung gestellten Probenraum einzogen, gab es dort keine Bestuhlung. 100 Stühle neu anzuschaffen, konnten wir uns nicht leisten. Da hatte jemand die kluge Idee, dass sich jeder seinen Stuhl von zuhause mitbringt. So stehen jetzt im Probenraum bunt durcheinander Gartenstühle neben gepolsterten Armlehnenstühlen, Klappstühle neben Bürostühlen. Aber das wichtigste ist, sie sind ausgerichtet. Alle schauen in dieselbe Richtung.«

138 MDR Kultur, 18.05.17.

# 9 Wie der Blick die Brücke baut, Nachhaltigkeit fördert und die Intuition unterstützt

Lassen Sie es uns noch einmal zusammenfassend betrachten: Der Blick ist das zentrale Element unserer Kommunikation. Er schafft den Kontakt von Mensch zu Mensch, ordnet unsere Rede, aktiviert unsere Wahrnehmung, ermöglicht spielerische Kommunikation und unterstützt Transformationsprozesse hinsichtlich Nachhaltigkeit und Vertrauen in unsere Intuition.

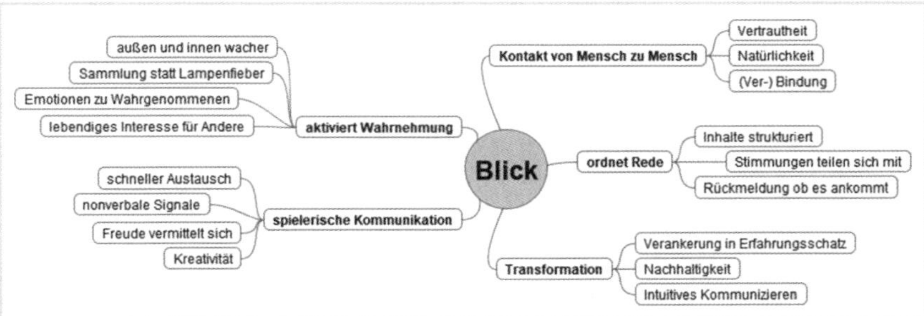


**Abb. 4:** Der Blick spielt eine zentrale Rolle bei der Rede

**Kontakt von Mensch zu Mensch**

Über den Blick kommen wir in den Kontakt zu unseren Zuhörern. Von frühester Kindheit ist uns der Blickkontakt (über-)lebenswichtig und ermöglicht es uns auch heute als Erwachsene, die Brücke zu bauen, noch bevor die ersten Worte gesprochen werden. Dass der Blickkontakt für unsere menschliche Existenz so wichtig ist und mit großer Natürlichkeit eine Vertrautheit zu den Menschen herstellt, dürfen wir uns in Kommunikationssituationen immer wieder bewusstmachen.

Diese Vertrautheit und enge Verbindung zwischen den Menschen ist weit mehr als eine Brücke. Der bekannte Neurobiologe Gerald Hüther sieht in der

Bindung[139], die der Mensch schon vorgeburtlich im engen Kontakt mit der Mutter erfährt, ein wesentliches Grundbedürfnis des Menschen. Dieses können wir durch einen freien und offenen Blickkontakt zumindest teilweise befriedigen, sowohl für den Redner als auch für seine Zuhörer.

### Ordnung für unsere Rede

Wenn wir mit Menschen oder zu Menschen sprechen, stehen wir in einer lebendigen Wechselbeziehung. Wenn wir lebendigen Blickkontakt zu unseren Zuhörern halten, ordnet der Blick unsere Rede, teilt unsere Empfindungen und unsere Begeisterung mit und vermittelt uns – und das ist ein sehr wesentliches Element – die Reaktionen des Gesprächspartners oder des Publikums. So können wir die Rede genauer anpassen. Das geschieht zumeist unbewusst, wenn wir einen guten Kontakt halten.

### Wache Wahrnehmung

Unser Blick wird jetzt bewusster eingesetzt, dadurch haben wir eine wachere Wahrnehmung für uns selber und für die Vorgänge und Dinge um uns herum. Wie sind gesammelter, dadurch können Lampenfieber und Auftrittsangst uns nicht mehr so stark aus unserer Mitte bringen. Wir haben ein lebendiges Interesse an den anderen Menschen, an ihrem Äußeren und an ihren Reaktionen. Und wir nehmen die Emotionen wahr, die in unserem Inneren ausgelöst werden. Dadurch können wir wieder feiner und genauer auf die äußeren Bedingungen reagieren

### Spielerische Kommunikation

In vielen Kommunikationssituationen kann ein wenig Leichtigkeit dazu beitragen, bessere Lösungen zu finden und kreativere Ideen zu haben. Ein offener und am Gesprächspartner interessierter Blickkontakt kann sehr dabei helfen. Ein schneller Austausch kann stattfinden, nonverbale Signale können hin- und herschwingen, Kreativität wird gefördert und Freude kann sich vermitteln.

139 Vgl. Hüther 2014.

!

**Fallbeispiel: Transformation und Nachhaltigkeit**

Ein Teilnehmer beschrieb nach dem Seminar eine neue innere Einstellung zum öffentlichen Reden und auch zum Gespräch mit Menschen. Viele der im Äußeren beobachtbaren Aspekte wie besserer Kontakt zum Publikum, geringere Nervosität, inhaltliche Ordnung, souveräne Ausstrahlung usw. ergaben sich aus dieser veränderten Einstellung. Dadurch – und das war die beeindruckendste Bemerkung – gewährleistete diese Veränderung Nachhaltigkeit. Er ging mit einer neuen Einstellung an die Dinge heran und brauchte sich auf die ganzen Details nicht mehr besonders zu konzentrieren, weil sie sich aus dieser neuen Haltung ergeben haben. Es hatte sich bei ihm eine innere Bewegung vollzogen, die ein neues verbessertes kommunikatives Verhalten quasi automatisch und ohne große bewusste mentale Aufmerksamkeit hervorgebracht hat.

## Intuition – weiß ich, was als Nächstes kommt?

*When we try to pick out anything by itself,*
*we find it hitched to anything else in the universe.*
John Muir, schottisch-amerikanischer Universalgelehrter,
Gründer des Sierra Clubs, der ältesten Naturschutzorganisation
der USA (1838–1914)

Alles ist mit allem in Verbindung. Je tiefer wir einsteigen, umso mehr Verknüpfungen entdecken wir. Man kann versuchen, einen Aspekt isoliert zu betrachten, aber sehr schnell ergibt sich wieder der Blick für die gegenseitige Beeinflussung, der Blick für das Ganze. Gutes Sprechen wirkt auf die Aufmerksamkeit der Zuhörer, die Qualität des Zuhörens verändert das Denken und Sprechen des Vortragenden. Innere Ruhe und Gelassenheit beeinflussen die Körpersprache, die Arbeit an der Körpersprache hat Rückwirkungen auf die Empfindungen und die Selbstsicherheit. Ein lebendig zugewandter und interessierter Blick verbessert die Kommunikation, hat aber zugleich auch Rückwirkungen auf den Sprechenden selbst.

Sie haben bei der Lektüre dieses Buches sicher viele Verknüpfungen gefunden, die Ihnen schon bekannt und vertraut waren, bestimmt aber auch einige neue Aspekte. Mich selber fasziniert vor allem das Wechselspiel zwischen Denken und Empfindung. Es macht mir Spaß, Theorien zu durchdringen, und im zweiten Schritt dann zu versuchen, deren praktische Relevanz in meinen Erfahrungsschatz zu integrieren. Theoretisches allein genügt nicht, um in neuen und herausfordernden Situationen damit zu arbeiten, es muss in Fleisch und Blut übergegangen sein. Oder um es noch einmal mit dem Alfred Einstein zugesprochenen Satz auszudrücken: »Wissen ist Erfahrung, alles andere ist Information.«

Ich möchte sogar noch einen Schritt weiter gehen. In Entscheidungsprozessen spielt die Intuition, das sogenannte Bauchgefühl, eine viel größere Rolle, als wir uns eingestehen[140]. Warum nicht auch beim Reden? Können wir nicht unsere Augen nutzen, um mit lebendigem Blick mit unserer Intuition in Kontakt zu kommen? Kennen Sie Situationen, in denen man selber oder eine andere Person beim Sprechen plötzlich neue Ideen haben? Das wäre doch dann dem vergleichbar, was der holländische Sozialpsychologe Ap Dijksterhuis Inkubation[141] nennt. Der Geist hat unbewusst an einer Fragestellung weitergearbeitet und plötzlich wie aus dem Nichts erscheint eine Idee oder Lösung. Und hierbei scheint, das habe ich schon in Kapitel 5.1.5 und 5.1.6 angedeutet, der bewusste Verstand eher eine untergeordnete Rolle zu spielen.

Man tut gut daran, den unbewussten Strukturen unseres Gehirns Raum zu geben. »Offenbar versucht die Großhirnrinde ... neue Informationen ständig anders zu kombinieren und zu ordnen. ... bei Vielversprechendem dringt der neue Ansatz in Form einer Entscheidung oder eines ›Geistesblitzes‹ ins Bewusstsein.«[142] Und diese Aktivität der Großhirnrinde, die wir mit unserem bewussten Verstand nicht wahrnehmen, ist offensichtlich sehr viel effizienter als unser Tagesbewusstsein. »Die Verarbeitungskapazität des bewussten Denkens beträgt nur mickrige 40-60 Bits/s, was gerade mal reicht, einen kurzen Satz zu lesen und zu verstehen. Auch der Arbeitsspeicher ist höchst gering: höchstens sieben Aspekte einer Sache können gleichzeitig bedacht werden. Fürs Analysieren komplexer Sachverhalte ist das bewusste Denken schlicht zu doof!«[143] Da sollten wir doch mit mehr Vertrauen unser Unbewusstes zum Zuge kommen lassen! Viele von uns haben schon Erfahrungen dieser Art gemacht. Man führt sich eine Angelegenheit vor Augen, grübelt

140 Vgl. Gerbert 2004.
141 Ebda.
142 Ebda.
143 Ebda.

dann aber nicht zu lange darüber nach, vergisst die Sache und erlebt, dass sich eine Lösung zeigt.

Dieser Prozess funktioniert auch hervorragend beim öffentlichen Reden und beim Unterrichten. Inzwischen macht es mir richtig Spaß, ein Thema gut vorzubereiten, es loszulassen und dann vorne zu stehen mit einem Gefühl des leeren Kopfes. Dieses »Ich weiß nicht, was als Nächstes kommt« wird von vielen Menschen geradezu genossen und als deutliches Signal dafür wahrgenommen, jetzt in einem anderen, intuitionsgesteuerten Modus zu sein, der gerne auch als Flow bezeichnet wird.[144]

Deshalb hier mein einziger wirklicher Ratschlag (alles andere waren Tipps und Übungen): Verinnerlichen Sie das, was Sie angesprochen hat, und vergessen Sie es wieder. Bereiten Sie Ihre Rede oder Ihren Unterricht oder Ihr Gespräch richtig gut vor, und vergessen Sie es wieder. Gehen Sie nach vorne, schauen Sie Ihre Gesprächspartner oder Zuhörer an, genauso erwartungsfroh, wie die Sie anschauen – und beginnen Sie. Wissen Sie, was kommt?

Freuen Sie sich auf das, was Ihre Intuition aus Ihnen hervorzaubern wird! Sprechen Sie intuitiv! Das ist – neben dem offenen und zugewandten Blick – Ihre Brücke zum Publikum.

144 Vgl. Burzik 2006.

# Literatur


Alavi Kia, Romeo: Sonne, Mond und Stimme. Aurum Verlag Braunschweig 2002.

Alavi Kia, Romeo: Stimme, Spiegel meines Selbst. Aurum Verlag Braunschweig 2001.

Alvarez, Peter Bearwalks: Geheimnisse indianischen Heilens. vgs 1998.

Anderson, Chris: Ted Talks. Die Kunst der öffentlichen Rede. Fischer Verlag Frankfurt am Main 2017.

Beck, Gloria: Verbotene Rhetorik: die Kunst der skrupellosen Manipulation. Eichborn Frankfurt am Main 2005.

Bohm, David: Der Dialog. Das offene Gespräch am Ende der Diskussion. Klett-Cotta Stuttgart, 8. Aufl. 2017.

Boijens, Antje: Was macht eine gelingende Kommunikation aus? https://ethik-heute.org/was-macht-eine-gelingende-kommunikation-aus/ 28.04.17.

Brooks, David: It's not about you. New York Times, 30. Mai 2011.
http://www.nytimes.com/2011/05/31/opinion/31brooks.html?_r=1& 28.04.17

Burzig, Andreas: Üben im Flow. In: Mahlert, Ulrich (Hrsg.): Handbuch Üben. Breitkopf & Härtel Wiesbaden 2006.

Cuddy, Amy: Power Poses, Video Harvard Business School, https://www.youtube.com/watch?v=3lF8zZtzvM0 01.08.2012

Dobelli, Rolf: Die Kunst des klaren Denkens. 52 Denkfehler, die Sie besser anderen überlassen. dtv München, 6. Aufl. 2014.

Doidge, Norman: Neustart im Kopf: wie sich unser Gehirn selbst repariert. Campus Verlag Frankfurt am Main 2014.

Doyle Staples, Walter: Think like a Winner. Junfermann Paderborn 1995.

Geiger, Martin. Zeit. Macht. Geld. Die Erfolgsgeheimnisse produktiver Unternehmer. BusinessVillage Göttingen 2013.

Gerbert, Frank: Die Intelligenz der Gefühle. Focus Magazin Nr. 24, 2004.

http://www.focus.de/wissen/mensch/neurowissenschaft/psychologie-die-intelligenz-der-gefuehle_aid_201408.html 09.05.17

Goodwin, Charles: Restarts, Pauses, and the Achievement of a State of Mutual Gaze at Turn-Beginning. Sociological Inquiry 50,3-4:272-302, 1980.

Goodwin, Charles: Website, http://www.sscnet.ucla.edu/clic/cgoodwin/projects.htm 22.04.17

Groening, Lies: Die lautlose Stimme der einen Hand: Zen-Erfahrungen in einem Japanischen Kloster. Rowohlt Reinbek 1983.

Hagena, Christian: Grundlagen der Terlussologie. Haug Verlag Stuttgart, 4. Aufl. 2013.

Hannaford, Carla: Bewegung – das Tor zum Lernen. VAK Freiburg 1996.

Hartmann, Steffen: Tonerleben und Meditation. In: Die Drei, 80. Jahrgang, Januar 2010, S. 15 ff.

Herkenrath, Lutz: Ich bin. Also wirke ich. Video https://www.youtube.com/watch?v=XXVhtXCLqNs 01.12.2015.

Hermann-Ruess, Anita: ad hoc präsentieren, Kurz, knackig und prägnant argumentieren und überzeugen. BusinessVillage Göttingen 2012.

Herrmann, Sebastian: Der unsichtbare Gorilla. Süddeutsche Zeitung 12.11.2015. http://www.sueddeutsche.de/wissen/psychologie-der-unsichtbare-gorilla-1.2733707, 23.06.17

Hoffmann, Gottfried: Die Stimme macht's. Überzeugend, wirkungsvoll, authentisch sprechen. BusinessVillage Göttingen 2014.

Hoffmann, Gottfried: Ab jetzt ich selbst. Wahrnehmen, verstehen, authentisch kommunizieren. BusinessVillage Göttingen 2015.

Hüther, Gerald: Biologie der Angst. Wie aus Stress Gefühle werden. Vandenhoeck & Ruprecht Göttingen, 13. Aufl. 2016.

Hüther, Gerald: Video, Worauf es ankommt – Die Macht der inneren Bilder 2017 https://www.youtube.com/watch?v=8HhUOH3qGw0, 02.06.17.

Hüther, Gerald: Video, Glücksgefühle 2014 https://www.youtube.com/watch?v=-zW1U-JUl7tg 09.05.17.

Kish, Daniel: Übers. eines Interviews in National Geographic. https://www.anderes-sehen.de/akustische-orientierung-mobilitat/aktive-echoortung-flash-sonar/ 21.04.17

Klinghardt, Dietrich: Lehrbuch der Psycho-Kinesiologie. INK Stuttgart, 12. Aufl. 2014.

Kline, Nancy: Time to Think, Zehn einfache Regeln für eigenständiges Denken und gelungene Kommunikation. rororo Reinbeck 2016.

Kuntz, Bernhard: Die Katze im Sack verkaufen. managerSeminare Verlags GmbH, Bonn, 2. Aufl. 2005.

Lang, Antoni, Saatweber, Margarete: Stimme und Atmung. Schulz-Kirchner Verlag Idstein 2010.

Liberman, Jacob. Die heilende Kraft des Lichts. Piper Verlag München 1996.

Liedtke, Rüdiger: Die Vertreibung der Stille. Schönbergers Verlag Haimhausen 1985.

Linker, Wolfgang J.: Kommunikative Kompetenz: weniger ist mehr. GABAL Verlag Offenbach 2009.

Lysebeth, André van: Die große Kraft des Atems. Otto Wilhelm Barth-Verlag München 1972.

Matschnig, Monika: Wie wir unsere Wirkungskompetenz steigern, Video https://www.youtube.com/watch?v=jm09w5ymPdw, 24.11.2015.

Mehrabian, Albert, Wiener, Morton: Decoding of Inconsistent Communications. In: Journal of Personality and Social Psychology. 6, (1967), Nr. 1, S. 109-114. (zitiert nach https://de.wikipedia.org/wiki/Albert_Mehrabian 19.04.2017)

Mehrabian, Albert: Silent Messages. 1981 (zitiert nach http://www.kaaj.com/psych/smorder.html 19.04.2017)

Middendorf, Ilse: Der Erfahrbare Atem – Eine Atemlehre. Junfermann-Verlag Paderborn 1984.

Muffler, Elvira (Hrsg.): Kommunikation in der Psychoonkologie, der hypnosesystemische Ansatz. Carl-Auer-Verlag Heidelberg 2015.

Ornstein, Robert E.: Evolution des Bewusstseins: Ursprünge und Perspektiven. VAK Freiburg 1996.

Pfurtscheller, G., Berhold, A.: Patterns of cortical activation during planning of voluntary movement. Ludwig Boltzmann Institute of Medical Informatics, Technical University of Graz, Austria,1989; https://www.ncbi.nlm.nih.gov/pubmed/2465128.

Rohr, Richard: Pure Präsenz, Sehen wie die Mystiker. Claudius Verlag München 2012.

Rosa, Hartmut: Hier kann ich ganz sein, wie ich bin. Zeit online. 2014. http://www.zeit.de/2014/34/hartmut-rosa-ich-gefuehl 22.04.17.

Rosa, Hartmut: Resonanz, Eine Soziologie der Welt Beziehung. Suhrkamp Verlag Berlin 2016.

Rosenberg, Marschall B.: Gewaltfreie Kommunikation. Junfermann Paderborn, 12. Aufl. 2016.

Schmidt, Kerstin: Probier's mal mit Geschmeidigkeit. In: WirtschaftsWoche 7/10.2.2017, S. 87 ff.

Schroeter, Linda. Konflikte führen. Die 5-Punkte-Methode für konstruktive Konfliktkommunikation. BusinessVillage Göttingen 2013.

Schulz von Thun, Friedemann: Miteinander reden 1, Störungen und Klärungen. rororo Reinbek 1981.

Schulz von Thun, Friedemann: Miteinander reden 2, Stile, Werte und Persönlichkeitsentwicklung. rororo Reinbek 1981.

Schulz von Thun, Friedemann: Miteinander reden 3, Das »Innere Team« und situationsgerechte Kommunikation. rororo Reinbek 1998.

Schulz von Thun, Friedemann, Johannes Ruppel, Roswitha Stratmann: Miteinander reden: Kommunikationspsychologie für Führungskräfte. rororo Reinbek 2003.

Schulz von Thun, Friedemann: Klarkommen mit sich selbst und anderen: Kommunikation und soziale Kompetenz. rororo Reinbek 2004.

Sonnenschmidt, Rosina, Knauss, Harald: die Sinne verfeinern. VAK Verlag Freiburg 1996.

Sonnenschmidt, Rosina: Die Sinnesorgane – Wunderwerk der Kommunikation. Narayana Verlag Kandern 2011.

Spies, Stefan: Der Gedanke lenkt den Körper: Körpersprache – Erfolgsstrategien eines Regisseurs. Hoffmann und Campe Hamburg 2010.

Sprenger, Reinhard: ESPRIX 2013. Video 17.07.2013 https://www.youtube.com/watch?v=q2dDcadAVfU#t=223.2 21.04.17.

Sprenger, Reinhard: Mythos Motivation, Mythos Führung – worauf es heute wirklich ankommt. Video https://www.youtube.com/watch?v=-yCvRjey5q8 9.11.2012.

Sprenger, Reinhard: Echter Teamgeist ist möglich, wenn … In: WirtschaftsWoche 7/10.2.2017, S. 89.

Strelecky, John: Das Cafe am Rande der Welt, eine Erzählung über den Sinn des Lebens. dtv München 2007.

Strempel, Ilse: Das Auge – Spiegel der Seele. Universität Marburg, Uni Journal, 2004. https://www.uni-marburg.de/aktuelles/unijournal/april2004/Augenheilkunde 23.04.2017.

Symington, Rob, Jackman, Dom, Howe, Mikey: Das Escape-Manifest. 2. Auflage, Gabal Verlag Offenbach 2014.

Thich, Nhat Hanh: Das Wunder des bewussten Atems. Theseus Berlin 2002.

Tomatis, Alfred: Das Ohr und das Leben. Walter-Verlag Olten-Freiburg 2000.

Tomatis, Alfred: Der Klang des Universums. Artemis und Winkler Düsseldorf 1997.

Tomatis, Alfred: Die drei Tomatis-Gesetze. (zitiert nach http://www.mozart-brain-lab.com/die-drei-tomatis-gesetze.html 20.04.17)

Wiseman, Richard: Machen, nicht denken! Fischer Frankfurt am Main 2013.

Wiseman, Richard: Wie Sie in 60 Sekunden Ihr Leben verändern. Fischer Frankfurt am Main 2010.

Weißbecker-Klaus, Xenia: Multitasking und Auswirkungen auf die Fehlerverarbeitung. Bundesanstalt für Arbeitsschutz und Arbeitsmedizin, Dortmund/Berlin/Dresden, 2014.

Watzlawick, Paul: Menschliche Kommunikation – Formen, Störungen Paradoxien. Huber Bern 1969.

Watzlawick, Paul: Anleitung zum Unglücklichsein. Piper Verlag München, 12. Aufl. 2012.

Welzer, Harald: Selbst Denken – eine Anleitung zum Widerstand. Fischer Verlag Frankfurt am Main, 7. Aufl. 2016.

# Autor

© Monika Kober

Gottfried Hoffmann, Jahrgang 1955, studierte Schulmusik, Musiktheorie und Phonetik in Hamburg. Nach einer Funktionsstörung seiner Stimme ist das Wechselspiel zwischen Stimmentfaltung und Persönlichkeitsentwicklung sein Thema. Er blickt auf eine langjährige Tätigkeit als Dozent an Universitäten, in sozialen/öffentlichen Einrichtungen und der Wirtschaft zurück, sowie auf zwei Jahrzehnte Leitung einer musikpädagogischen Institution. Er unterstützt Menschen in der Entwicklung ihrer kommunikativen Fähigkeiten. Professoren, Pastoren und Persönlichkeiten aus Wirtschaft und Politik profitieren ebenso davon wie Referendare, Auszubildende, Studenten und die Teilnehmer an Bildungsmaßnahmen der Arbeitsagenturen.

Gottfried Hoffmann ist verheiratet, Vater von sieben zum Teil schon erwachsenen Kindern und lebt mit seiner Familie in Hof/Bayern.

**Veröffentlichungen**

Stimme – Be-Stimmung: Unterwegs zur Stimme und zu sich selbst (mit Barbara Stühlmeyer) Radeberg 2012.

Die Stimme macht's: überzeugend, wirkungsvoll, authentisch sprechen, Göttingen 2014.

Ab jetzt ich selbst: wahrnehmen – verstehen – authentisch kommunizieren, Göttingen 2015.

www.wahrnehmung-verfeinern.de

# Dank

Dieses Buch ist das Ergebnis vieler Prozesse und Entwicklungen, die ich begleiten und miterleben durfte. Die Seminarteilnehmerinnen und -teilnehmer und die Zuhörerinnen und Zuhörer in den Vorträgen haben durch ihre Bereitschaft, sich einzulassen und Neues zu probieren, wesentlich dazu beigetragen, dass sich die Gedanken ausbilden und ordnen konnten. Sehr dankbar bin ich für die vielen Fragen und Anregungen, die mich bewegten und auf neue Wege geleitet haben. Immer noch spannend erlebe ich auch nach über 20 Jahren die Proben im Chor Choriositäten, dessen Mitglieder eine geradezu provozierende Offenheit haben, wodurch häufig neue und bisher ungedachte Dinge passieren. Allen diesen vielen Menschen gilt mein großer Dank, denn das Buch ist eigentlich eine Zusammenfassung der durch sie hervorgebrachten Gedanken und Ideen.

Ein riesengroßer Dank gilt auch dem Team vom Haufe-Verlag und vor allem Gabriele Vogt für das Lektorat. Sie hat mit frischem Blick den roten Faden geglättet und mit sparsamen Korrekturen an so mancher Stelle die sprachliche Eleganz erheblich gesteigert. Die anregende Zusammenarbeit war eine große Freude für mich.

Dankbar bin ich auch Klaus Kreil, dem Inhaber des Autohauses Kreil, der seit Jahren zuverlässig und manchmal auch an Wochenenden dafür sorgt, dass ich für die vielen zu fahrenden Kilometer ein gut funktionierendes Auto habe.

Vor allem aber Micaela und Clara, Jonathan und Jacob ist es zu verdanken, dass dieses Buch wachsen durfte, denn sie haben mit viel Verständnis meinen teilweisen totalen Rückzug aus dem Familienleben unterstützt und begleitet. Ihr »Wo ist denn der Papa« – »Na, wo wohl …« hat jetzt ein Ende.

Hof, im Mai 2017